Gerhard Bosshard

Vom Glauben zum Vertrauen

Gerhard Bosshard

Vom Glauben zum Vertrauen

Predigten entlang dem Kirchenjahr Zürich-Albisrieden, 1994 – 2014

Fromm Verlag

Impressum / Imprint
Bibliografische Information der Deutschen Nationalbibliothek: Die Deutsche Nationalbibliothek verzeichnet diese Publikation in der Deutschen Nationalbibliografie; detaillierte bibliografische Daten sind im Internet über http://dnb.d-nb.de abrufbar.

Bibliographic information published by the Deutsche Nationalbibliothek: The Deutsche Nationalbibliothek lists this publication in the Deutsche Nationalbibliografie; detailed bibliographic data are available in the Internet at http://dnb.d-nb.de.

Coverbild / Cover image: www.ingimage.com

Verlag / Publisher:
Fromm Verlag
ist ein Imprint der / is a trademark of
OmniScriptum GmbH & Co. KG
Heinrich-Böcking-Str. 6-8, 66121 Saarbrücken, Deutschland / Germany
Email: info@frommverlag.de

Herstellung: siehe letzte Seite /
Printed at: see last page
ISBN: 978-3-8416-0539-9

Inhaltsverzeichnis

Gewidmet Zürich-Albisrieden

Meiner Frau Regula Bosshard-Schweizer

Und meiner Familie

Vorwort

Liebe Leserin, lieber Leser

Anlässlich meines 20-jährigen Dienstjubiläums im Pfarrdienst in der evangelisch–reformierten Kirchgemeinde Zürich–Albisrieden hat mich die Anfrage von Frau Claudia Kaiser vom Fromm Verlag animiert, einen Querschnitt zu den in dieser Zeit entstandenen Predigten zusammen zu stellen.
Ich habe sie dem Kirchenjahr entlang geordnet, beginnend aber mit meiner Predigt zum Dienstjubiläum 2014 und der Predigt zu meiner Amtseinsetzung am 2. Oktober 1994, danach geht es weiter etwa mit einer Predigt aus jedem Jahr, daher nicht beginnend mit dem Advent.

Danken möchte ich an dieser Stelle auch allen Predigthörenden, die mir mit ihren Rückmeldungen zu den Predigten offenbaren, was sie beschäftigt, was sie mit Gott erleben, woran sie sich freuen und woran sie leiden oder zweifeln. Ausserdem bin ich allen Autoren und Autorinnen dankbar, bekannten und unbekannten, von denen ich Texte zitiere oder deren Gedanken inspirierend in meine Predigten eingeflossen sind.
Für das Korrekturlesen danke ich herzlich meiner Frau und Elisabeth Hahn.

Aber danken möchte ich vor allem Ihnen, dass Sie sich aufs Nachdenken von Gottes Wort einlassen.
Obwohl diese Texte zum Hören geschrieben wurden, hoffe ich, dass sie Ihnen auch auf diesem Wege dienen dürfen. Möge daher dieses Predigtbüchlein mithelfen Ihr Gottvertrauen in den verschiedenen Lebens-, Kirchen- und Weltfragen zu stärken.

Zürich-Albisrieden, im November 2014 *Gerhard Bosshard, Pfarrer*

Lesehinweis:
Fett sind jeweils Zitate aus den angegebenen Bibelstellen gedruckt, die der Zürcher Bibel entnommen sind, Ausgabe 2007 oder früher. Die Abkürzung RG meint das Reformierte Gesangbuch der deutschsprachigen Schweiz von 1998.

Gefunden, wir feiern ein Fest! „Moschtete-Sonntag“

20 Jahre Albisrieden, Predigt zu Lukas 15, 8 – 10, Lesung: Psalm 34, 1 – 15

Es ist die Zeit des Erntedankes, die Zeit, da die Ernte bereits eingefahren wurde oder noch eingefahren wird. Ein obstreicher Herbst geht trotz regnerischem Sommer seinem Ende entgegen. Das Geerntete wird verarbeitet, so auch heute an der „Moschtete“ neben unserer Alten Kirche Albisrieden im Ortsmuseum. Die wunderbare, frische Tranksame kann genossen werden und lädt zum Gott Danken ein.

Auch ich habe heute zu danken; zu danken einerseits für Sie und auch allen, die nicht hier sind, dass Sie mich in Albisrieden, so wie ich bin, bereits 20 Jahre mit meinen Ecken und Kanten aushalten. Ja, und nicht zuletzt Gott selbst dafür, dass ich bin, dass ER mir das Nötige gegeben hat, um IHM –und damit auch Ihnen – dienen zu dürfen und zu können.

Und da ist diese Frau, die auch zu danken hat, Lukas 15, 8.9:

Oder welche Frau, die zehn Drachmen besitzt und eine davon verloren hat, zündet nicht ein Licht an, kehrt das Haus und sucht eifrig, bis sie sie findet?

Und wenn sie sie gefunden hat, ruft sie ihre Freundinnen und Nachbarinnen zusammen und sagt: Freut euch mit mir, denn ich habe die Drachme gefunden, die ich verloren hatte.

Sie ist dankbar, sie freut sich darüber, dass sie eine verloren geglaubte Münze wieder gefunden hat. Aus Dankbarkeit und Freude feiert sie das mit ihren Freundinnen und Nachbarinnen. Was war geschehen? Eine Münze ihres Kopfschmuckes war ihr runtergefallen. Da die damaligen Behausungen mit Flachdach nur kleine Öffnungen hatten, war es in ihnen relativ dunkel, auch wenn draussen die Sonne schien. Daher brauchte sie Licht, um die Münze beim Reinigen der Wohnung wieder zu finden. Die Münze war aber nicht nur ein Fünfliber, sondern eine damalige Drachme. Sie hatte etwa so viel Wert wie ein Esel. Das heisst mindestens ein paar tausend Schweizer Franken. Die Münze war also für sie sehr kostbar, sie gehörte zu ihrem Vermögen.

Da sie keinen Safe hatte, trug sie ihr Vermögen in Form von Münzen als Gesichtsschmuck oder Halskette mit sich.

Das Wiederfinden bereitet echte, unverfälschte Freude.

Eine andere echte Freude sei daher auch erwähnt, nämlich die Schadenfreude. Sie ist auch sehr ehrlich, aber nur erfreulich, wenn sie von herzlicher Hilfsbereitschaft begleitet wird. Ist dem hingegen nicht so, ist Schadenfreude gemein und von Häme begleitet, eigentlich ein feindliches Verhalten.

Daher ist die Freude über wieder Gefundenes am unverfänglichsten, weil sie niemandem schadet – sofern es sich nicht um gestohlenes Gut handelt –. Sie beinhaltet einen Weg der Ungewissheit und Verunsicherung. Ähnlich ist es ja auch bis die Ernte eingefahren werden kann. Bis es so weit ist, begleitet der Bauer das Wachsen und Gedeihen kritisch. Da und dort muss er eingreifen. Zum Beispiel die überzähligen Äpfel abnehmen und die faulen, damit sie die andern nicht anstecken. Oder bei den Trauben die überschiessenden Triebe – Geizlinge – entfernen. Die Ernte ist nichts Selbstverständliches. Viele Faktoren müssen stimmen, so auch das Wetter, die Beschaffenheit des Bodens, die Gesundheit der Frucht. Darum ist die Freude über eine gelungene Ernte unverfälscht gross. So wie bei einer gelungenen Tätigkeit oder bestandenen Prüfung.

Diese echte Freude weiss darum, dass das Gelingen nicht selbstverständlich ist, sondern an Gottes Segen liegt.

Beim Wiederfinden ist das ganz offensichtlich. Hat man das Verlieren bemerkt, steigt der Puls und die Suche beginnt. Wie oft ist mir das schon passiert. Da war ich doch ganz sicher, dass ich den Autoschlüssel dorthin gelegt hatte. Aber er ist wie vom Erdboden verschluckt. Nach stundenlangem Suchen kommt meine Frau triumphierend mit ihm. Er lag nicht weit weg vom Ort, an dem ich ihn vermutete, ein Blatt hatte ihn zugedeckt … Sicher mache nicht nur ich solch nervige Erfahrungen, vermutlich auch Sie?!

Das Wiederfinden ist Befreiung, ja Erlösung von unserer inneren Blindheit, Verunsicherung und Angst. Darum ist die Freude übers Wiederfinden so echt.

Wiederfinden und Finden von Kostbarem will aber nicht bei einem alleine bleiben. Die Freude darüber will geteilt sein. Daher findet nach dem Finden ein kleineres oder grösseres Fest statt. Am offensichtlichsten ist diese Freude, wenn zwei sich gefunden haben und Hochzeit feiern. Über das Finden freut sich sogar der Himmel mit. Zum Schluss unseres kleinen Gleichnisses heisst es sogar in Vers 10:

So, sage ich euch, wird man sich freuen im Beisein der Engel Gottes über einen Sünder, der umkehrt.

Mit „Sünder" meint Jesus auch die Frauen, leider sind sie davon nicht ausgenommen. Wir alle sind jeden Tag neu aufgerufen uns darüber zu freuen, dass wir Gottes Töchter und Söhne sind. Ja, dass wir von Gott durch Jesus Christus Gefundene sind. Jesus vergleicht in diesem Gleichnis Gott mit einer Frau, was selten ist. Er macht damit deutlich, dass Gott alle Geschlechter gleichermassen angehen, uns die Geschlechterfrage nicht hindern kann Gott zu vertrauen, ob Frau, Kind oder Mann.

Wie der Witwe die verlorene Münze äusserst kostbar ist, so sind auch Sie und ich Gott äusserst kostbar, egal ob wir mehr oder weniger „Dienstjahre" auf dem Buckel haben.

Amen

Gemeinsam wachsen, Lukas 13, 18.19

Antrittspredigt, 2. Oktober 1994, zu Lukas 13, 18.19

Hinter mir und meiner Familie liegen aussergewöhnlich dichte Wochen. Unser Herz ist sowohl voll von liebevollen Eindrücken des Abschieds in Pfäffikon ZH, als auch ersten Eindrücken vom herzlichen Willkomm hier in Albisrieden. Ich bin davon tief beeindruckt und herzlich dankbar. Alles was ich in jüngster Zeit erlebte, ist somit alles andere als still und unscheinbar. So bilden wir hier auch eine stattliche Gemeinde, welche in ihrer Zahl gut bemerkbar, im Gesang gut hörbar ist und nach dem Gottesdienst beim gemütlichen Zusammensein sicherlich auch gut vernehmbar sein wird.

Übrigens, in Pfäffikon hatten wir eigene Hühner, um neben dem Verkehr eine natürliche Geräuschkulisse zu haben. Der Hahn war am Morgen deutlich hörbar. Jetzt lebt er in meinem Heimatort in Hittnau ZH. Und wissen Sie, was ich am ersten Morgen nach dem Einzug in Zürich-Albisrieden als Erstes vernahm? Die Glöcklein von weidenden Schafen aus der näheren Nachbarschaft!

Nun aber gibt uns Jesus Christus das Gleichnis mit dem Senfkorn. In Lukas 13, 18.19 lesen wir:

Jesus sprach: Wem ist das Reich Gottes gleich, und womit soll ich es vergleichen? Es ist gleich einem Senfkorn, das ein Mensch nahm und in seinen Garten legte. Und es wuchs und wurde zum Baum, und die Vögel des Himmels nisteten in seinen Zweigen.

Ich habe ein Senfkorn in meiner flachen Hand liegen. Sie können es nicht sehen, weil es in den Vertiefungen der Handfläche verschwindet.

In Israel wächst es in einer Saison zu einem Busch, welcher bis zu drei Meter hoch werden kann und in dem Vögel nisten können. Bei uns brauchen wir das Senfkorn zum Beispiel als Gründüngung im Garten, wo es problemlos noch vom Spätsommer an einen halben Meter hoch werden kann.

Jesus Christus gibt uns einen Grössenvergleich zwischen dem Anfang und dem Ende von Gottes Reich. Der Anfang ist unscheinbar, aber sein Ende unübersehbar. Er sagt uns damit, habt Zuversicht, es braucht nicht viel Glauben, damit etwas wachsen kann. Mag er noch so unscheinbar sein, er reicht aus. Es kommt nicht auf die Anzahl seiner Anhänger an, das Wachstum in der Quantität braucht nicht unsre Sorge zu sein. Wie erging es dem Volk Israel, dem späteren Volk der Juden? Sie machten zahlenmassig nie einen grossen Teil der Menschheit aus.

So sprach Gott zu Israel, gemäss 5. Mose (Deuteronomium) 7,7f:

„Nicht weil ihr zahlreicher wäret als alle Völker, hat der Herr sein Herz euch zugewandt und euch erwählt - denn ihr seid das kleinste unter allen Völkern -, sondern weil der Herr euch liebte und weil er den Eid hielt, den er euren Vätern geschworen, darum hat euch der Herr mit starker Hand herausgeführt aus dem Sklavenhause (...) in Ägypten.“

Darum weil ER uns liebt, darum will ER uns Zukunft geben, uns wachsen lassen in der Gemeinschaft miteinander und mit IHM. Nicht das Grosstuerische, Grosssprecherische ist der Weg von Gottes Reich in dieser Welt. Überall dort, wo das Grossmäulige überhand nimmt, nistet sich nicht neues Leben ein. Nein, da sprechen die Waffen in den Herzen und zu oft auch in den Händen, und der Glauben wird in sein Gegenteil verkehrt.

Aber trauen wir dem Glauben überhaupt etwas zu? Die Frage stellt sich allen, aber ganz besonders uns Christen. Wo und wie kommt er im Alltag zum Tragen? Hinterlässt er überhaupt Spuren? Kann man von dem Glauben überhaupt etwas bemerken? Ich denke, wir tun uns manchmal zu schwer mit dieser Frage. Tatsächlich ist das Reich Gottes nicht mehr ein Senfkorn, sondern ein sichtbarer Busch geworden in dem Vögel nisten. Im Glauben an Gottes Liebe wird und wurde manch gutes Werk aufgebaut. Kranke aller Art finden Menschen, welche ihnen beistehen mit bestem Wissen und Gewissen. Auch die Suchtkranken überlässt man nicht sich selbst, sondern sucht Mittel und Wege für einen hoffnungsvollen Neuanfang usw. Vieles durfte bereits durch den Auftrag von Jesus Christus entstehen. Trotzdem ist Gottes Reich noch nicht vollendet. Gott hat offensichtlich mit uns Christen noch einiges vor.

Wir sind es der Welt nach wie vor schuldig den Glauben an Jesus Christus in Wort und Tat zu bezeugen. Wann unser Auftrag zu Ende geht, bestimmen nicht wir, sondern allein der Auferstandene Jesus Christus.

Persönlich betrachtet bin ich somit wiederum völlig am Anfang. Mit meiner Geschichte in Albisrieden bin ich jetzt ein kleines, unbedeutendes Senfkorn. Ich habe zwar den Glauben, das Vertrauen, dass Gott mich hier brauchen wird. ER weiss, was aus meinem Senfkorn in Albisrieden werden wird, obwohl ich noch nichts davon weiss. Damit aber aus meinem Senfkorn etwas wird und es zur Gründüngung im Albisrieder Garten nützlich sein wird, bin ich auf viele andere Senfkörner, die Zusammenarbeit mit Ihnen allen angewiesen, denn nur gemeinsam werden wir fruchtbar am Reich Gottes weiterarbeiten können. Gemeinsam können wir Gründüngung im Albisrieder Garten sein und mithelfen, dass gutes und gesundes Gemüse darin heranwachsen kann.

Amen

Bemerkung: Als Wunsch, den gemeinsamen Auftrag nicht zu vergessen, wurden Senfkornsamen an alle Gottesdienstteilnehmer verteilt.

Im Wartesaal

Predigt zu Johannes 5, 1 – 16

Die Situation der Menschen am Teich Bethesda erinnert mich an Wartehallen, Wartesäle, Warteräume, Wartehäuschen und Wartebänke. An solchen Orten treffen Menschen zusammen, welche auf der Durchreise sind. Sie alle haben verschiedene Ziele. Die einen steigen um, die andern erwarten jemanden, deren Verkehrsmittel Verspätung hat, die Dritten warten auf die Abfahrt und die Vierten gar haben sich für längere Zeit eingerichtet. Alles in allem erlebe ich dieses Warten oft als eine Zeit des Übergangs und der Ungewissheit. Man ist noch nicht angekommen, aber man ist auch nicht mehr Zuhause. Mani Matter besang diese Situation treffend mit: "Das isch s Lied vo de Bahnhöf, wo de Zug gäng scho abgfaare isch oder nonig isch choo." Setzt sich das Leben aus einer Reihe verpasster Chancen zusammen?
Wenn wir die Situation des Kranken mit der unbekannten Krankheit betrachten, könnte man dies schon meinen. 38 Jahre lang liegt er bereits am Teich Bethesda! Praktisch gleich lange wie die Israeliten durch die Wüste zogen. Er hat sich wahrhaftig im Wartesaal eingerichtet. Dieser Wartesaal umfasst fünf Hallen, welche im Laufe der Zeit an diesem Heilwasser entstanden. Dort liegt er inmitten anderer Kranker mit der Hoffnung eines Tages geheilt zu werden. Aber immer wenn sich dieses Wasser geheimnisvoll durch Gottes Hand beziehungsweise seinen Engel bewegt, hat er niemanden, der ihm hilft ins bewegte Wasser zu gelangen. Das Gedränge ist sowieso zu gross, als dass er noch Platz fände. Viele sind es, die nicht geheilt werden. Die Szene erinnert auch an Lourdes, wohin jährlich Zehntausende von Menschen pilgern. Erwiesenermassen gesund werden von den Pilgern nur ganz wenige, wie am Teich Bethesda.
Bethesda bedeutet soviel wie: Haus des Erbarmens. Trotzdem liegt er da und wartet bis ihm jemand helfe. Es ist ja für ihn besser dort zu liegen, als sich Zuhause mit den eigenen Gedanken zu beschäftigen und noch mehr zu resignieren.
Plötzlich taucht dieser erhoffte Helfer auf. Er kennt ihn nicht, aber er hört die Frage:

Willst du gesund werden? Bei sich denkt er, jetzt liege ich schon so lange hier und der fragt mich, **willst du gesund werden?** es hat mir ja noch niemand im rechten Augenblick zum Teich hinunter geholfen. Aber vielleicht hilft mir der Unbekannte? Vielleicht ist jetzt meine Stunde gekommen? So fasst er sich ein Herz und sagt: **Herr, ich habe keinen Menschen, der mich in den Teich bringt, wenn das Wasser bewegt wird; während ich aber komme, steigt ein anderer vor mir hinab.** Er erwartet nicht einmal mehr seine Genesung. Aber er hofft ganz schlicht auf einen Menschen, der die Mitmenschen vertritt und ihm, dem Hilflosen zur Seite steht. Der Helfer sagt: **Steh auf, hebe dein Bett auf und geh umher!** Der Kranke traut seinen Ohren nicht. Das hat ihm noch keiner gesagt. Dieser Unbekannte entpuppt sich gar nicht als Helfer, damit er in den Teich gelange. Er offenbart sich selbst als Arzt, der ihn heilt. Jetzt soll er selber Verantwortung tragen und das zusammenrollbare Bett tragen. Jenes Bett, das ihn so lange Zeit trug, trägt er nun selbst auf seiner Schulter. Er geht damit umher und freut sich wie ein Kind. Schliesslich hatte Jesus ihm selbst befohlen umherzugehen.

Bald hat er diese Wartehalle zur Genesung verlassen. Auch Jesus hatte dies getan, bevor ihn alle bemerkten, ansonsten er nicht mehr hinausgekommen wäre. Schliesslich wollte Jesus nicht das Missverständnis fördern, dass nun der Himmel auf Erden sei, der jede Krankheit zum Verschwinden brächte. Der geheilte Kranke steht für alle Kranken, für jene, die gesund werden und für jene, die krank bleiben. Aber Jesus wird für sie alle der sich ihnen zuwendende Mensch, der Stellvertreter Gottes bei den Menschen und umgekehrt der Menschen vor Gott. Jesus ist mehr als ein Heiler.

Der zweite Teil unseres Predigttextes macht dies deutlich. Obwohl Sabbat war, die Feier des siebten Schöpfungstages, heilte Jesus diesen Kranken. Aber auch: Obwohl Sabbat war, warteten die Kranken auf Heilung. Das Problem, welches sich nun anbahnt, ist nicht die Wunderheilung, sondern ob der Sabbat gestört werden darf zur Heilung eines Kranken. Für die frommen Juden sind nämlich Gott und sein Wille das Fundament aller Wirklichkeit. Mit ihrem ganzen Leben versuchen sie dieser in Gott gründenden Wirklichkeit zu entsprechen. Sie sind jederzeit empfänglich für Gott und sorgen sich darum, dass wir zu gering von Gott denken könnten, dass wir uns Gott nach unserem Bilde machen und nicht nach seinem Bilde leben. Sie wissen, wie schnell sich hier die Massstäbe verdrehen können und wie gern wir den falschen Propheten lauschen, die uns ein Päckchen Religion zum ermässigten Preis anbieten. Diejenigen, die mit Gott nichts im Sinn haben, verfallen aber oft irgendwelchen religiösen Denk- und Verhaltensweisen. Denken wir nur an die Zunahme des Glaubens an die Seelenwanderung, der es leicht macht sich aus der Verantwortung für den Mitmenschen in der Gegenwart zu stehlen.

Der Protest der Juden ist nur verständlich. Er zeigt, dass es ihnen nicht gleichgültig ist, was da mit Gott geschieht, wenn er in unsere Hände gerät. Der Protest gegen Jesu Selbstanmassungen ertönt um Gottes Willen – wie wohltuend unterscheiden sie sich da von den immer Stillen, den Gleichgültigen, für die immer alles gleich gültig ist, je nachdem, wie es gerade angesagt wird.

Jesus bricht nicht den Sabbat. Es ist sein Auftrag, nämlich den letzten, den siebten Schöpfungstag fortzusetzen, weil Gott sich nicht zur Ruhe gesetzt hat. Sollte es ihm, dem Schöpfer nicht erlaubt sein, sein Werk weiterzuführen zu seiner Bestimmung? Anerkennt man aber Jesus nicht als Gottes Sohn, als Messias, so ist er ein Gotteslästerer, dem Widerstand geleistet werden müsste.

Der Geheilte aber gehört zu den Gleichgültigen. Er wusste nicht einmal wer ihn geheilt hatte. Erst als Jesus ihm im Tempel ein zweites Mal begegnet, will er seinen Namen wissen. Jesus sagt zu ihm: **Siehe du bist gesund geworden; sündige nicht mehr, damit dir nicht etwas Schlimmeres widerfährt!** Und was ist das Schlimmere? Dass er den Namen seines Heilandes an dessen Feinde verrät. Das blamiert den Geheilten mehr als die treuen Wächter des Willens Gottes. Er ist an diesem Sabbat zum Leben berufen worden – warum zweifelt er an der Rechtmässigkeit und gibt den Namen preis, den zu kennen er sich zuerst nicht einmal bemüht hatte zu kennen?

Und was wissen wir, die wir geheilt sind, wer dieser Jesus ist? Was wissen wir von ihm, wenn wir uns auf seine Erlösung berufen? Verraten wir nicht täglich den wahren Menschen und den wahren Gott? Wäre es nicht allzu verständlich, wenn sich die Skepsis der Juden auch gegen uns kehrte, die wir Jesu Namen im Munde führen und ihn hierhin und dorthin verraten? Ist nicht ihr Eindruck sehr berechtigt, dass die Geheilten – die Christen – nicht wissen, wer er ist?

Da steht er also vor uns, der Heiland. Er macht uns gesund, und wir merken es nicht, denn immer noch warten wir darauf, dass Jesus uns zur Heilquelle bringt. Noch immer überlassen wir unser Schicksal dem Warten aufs grosse Glück. Wir merken nicht, dass Jesus unser Stellvertreter geworden ist. Wir freuen uns, dass er da ist, aber wir lassen ihn neben uns stehen und starren auf die Oberfläche des Heilwassers, um dann nach seiner Hand zu schreien, falls sich etwas rühren sollte. Wir integrieren ihn gleichsam in unsere eigene Hoffnung, unsere Sicht der Problemlösung, ohne recht auf ihn zu hören, der da längst gesprochen hat: **Steh auf, hebe dein Bett auf und geh umher!** Wir merken unsere Heilung nicht. Und so merken wir auch nicht, mit wem wir es hier zu tun haben, noch wie recht wir hatten in unserm Leid, als wir sagten, wir hätten keinen Menschen, der uns helfen könne. Denn der, der hier hilft, vertritt Gott bei den Menschen und uns vor Ihm.

Verlassen wir also den Wartesaal der verpassten Chancen und folgen wir Jesus nach. Stehen wir auf und nehmen wir unser Bett auf die Schulter.

Amen

Ich schäme mich des Evangeliums nicht! Reformationssonntag

Predigt zu Römer 1, 16.17

Heute wollen wir uns auf das zentrale Wort der Reformation besinnen, Römer 1, Verse 16 und 17! – Obwohl es auch an der Reformationszeit viel zu kritisieren gibt, bleibt die Wiederentdeckung der zentralen Bedeutung des Glaubens an das Evangelium Grund zur ständigen Dankbarkeit. –

Ich schäme mich des Evangeliums nicht; denn es ist eine Kraft Gottes zum Heil einem jeden, der daran glaubt, dem Juden zuerst und auch dem Griechen. Denn die Gerechtigkeit Gottes wird darin geoffenbart aus Glauben zu Glauben, wie geschrieben steht: ‚Der aus Glauben Gerechte aber wird leben.'

Der Basler Theologe Karl Barth, der wohl für das 20. Jahrhundert bedeutsamste Kirchenlehrer, drückte sein Verständnis dieses Textes so aus:

„Das Evangelium selbst ist Kraft Gottes, schlechterdings überlegene Kraft, Dynamis. Man bemerke, dass Paulus nicht schreibt, das Evangelium habe solche Kraft, als ob es sie allenfalls auch nicht haben könnte. Er zeigt vielmehr an, dass das Evangelium solche Kraft ist. Der Satz bedeutet: es ist die Allmacht Gottes. Also keine Macht neben anderen Mächten, keine Macht, die mit anderen auch nur zu vergleichen wäre, keine Macht, mit der eine andere konkurrieren könnte, sondern die Macht, die über allen Mächten ist, die ihrer aller Grenze ist, von der sie alle regiert werden. Das ist das Evangelium. Wie sollte es da in dem grossen und nun doch recht kleinen Rom zu Schanden werden? Wie sollte da sein Bote verschämt sein können?

Wo Jesus Christus der Inhalt ist, da nimmt jede Form seine Art an. Die Art Jesu Christi ist aber die Allmacht Gottes. Aber was ist die Allmacht Gottes? Paulus hatte ein bestimmtes Verständnis von dieser Sache: Das ist die Allmacht Gottes und also die letztlich alleinige Macht in der Welt, die wirksam ist, **zur Errettung (zum Heil) einem jeden der daran glaubt, für den Juden zuerst und auch für den Griechen.**

Man betrachtet diese Worte am besten ohne Auflösung ihres Zusammenhangs. Paulus weiss von einem Werk, das in Gang gekommen ist und nun unaufhaltsam in Gang bleiben wird. Dieses Werk besteht in einer Errettung. In jedem Glaubenden kommt dieses Werk zu seinem Ziel damit, dass er durch dieses Werk gerettet wird. Und es läuft der Weg dieses Werkes zuerst zu den Juden und dann zu den Griechen. Das heisst zu den damals durch die griechische Sprache und Art beherrschten heidnischen Völkern in der Umgebung des Mittelmeeres, um im Glauben der Juden zuerst, dann im Glauben der Griechen damit zu seinem Ziel zu kommen, dass sie gerettet werden. Also: die Allmacht Gottes ist diejenige Macht, die in diesem Werk wirksam ist. Und umgekehrt: was in diesem Werk wirksam ist, das ist die Allmacht Gottes. Diese Gleichung gehört zum ABC des ganzen Evangeliums, denn es ist dieses allmächtige Rettungswerk."

Gehen wir rund 500 Jahre zurück, dann sehen wir, wie dieser Text auch auf den deutschen Reformator Martin Luther wirkte. Lassen wir auch ihn gleich selbst zu Wort kommen in seinem Selbstzeugnis:

„Nach tage- und nächtelangem Nachsinnen erbarmte sich Gott meiner, so dass ich den inneren Zusammenhang der beiden Stellen wahrnahm: «Die Gerechtigkeit Gottes wird im Evangelium offenbar» und wiederum: «Der Gerechte lebt durch seinen Glauben». Da fing ich an, die Gerechtigkeit Gottes zu begreifen, kraft deren der Gerechte aus Gottes Gnade selig wird, nämlich durch den Glauben: dass die Gerechtigkeit Gottes, die durch das Evangelium offenbart werde, in dem passiven Sinne zu verstehen ist, dass Gott in seiner Barmherzigkeit uns durch den Glauben rechtfertigt, wie geschrieben steht: «Der Gerechte lebt aus Glauben.» Nun fühlte ich mich geradezu wie neugeboren und glaubte, durch weit geöffnete Tore in das Paradies eingetreten zu sein. Ich ging dann die Heilige Schrift durch, soweit ich sie im Gedächtnis hatte, und fand in anderen Wendungen den entsprechenden Sinn: so ist das «Werk Gottes» dasjenige, was Gott in uns wirkt, die «Stärke Gottes» das, wodurch er uns stark macht, die «Weisheit Gottes», durch die er uns weise macht, und so ist auch die «Kraft Gottes», das «Heil Gottes», die «Ehre Gottes» aufzufassen. Je lebhafter ich also bisher das Wort von der «Gerechtigkeit Gottes» gehasst hatte, um so liebevoller musste ich nun diese gnadenreiche Vorstellung umfassen, und so hat mir jener Ausspruch des Apostels in der Tat die Pforten des Himmels erschlossen. Nachher las ich Augustins Schrift, «Über den Geist und den Buchstaben», wo ich wider Erwarten fand, dass auch dieser die Gerechtigkeit Gottes auffasst als diejenige, die Gott uns beilegt, indem er uns rechtfertigt. Und wiewohl das noch unvollkommen gedacht ist und dieser Vorgang der Beilegung nicht alles deutlich erklärt, war ich doch zufrieden, dass hier die Gerechtigkeit Gottes dahin erläutert wurde, dass wir durch sie gerecht gesprochen werden."

Anders ausgedrückt, nichts in der Welt soll Ihnen kostbarer, wichtiger sein als der Glaube an das Evangelium von Jesus Christus. Das ist der Schlüssel zu einem erfüllten Leben und zur seligen Zuversicht im Gericht Gottes.

Dieser Glaube an die Dynamis, die Kraft Gottes, setzt in den Glaubenden Kräfte frei. Oft müssen Menschen unter uns ihren Wert dadurch betonen, dass sie sehr betonen, was sie alles arbeiten. Bei jungen Leuten drückt sich dasselbe Verhaltensmuster manchmal weniger über die Arbeit aus, als über die Aufzählung aller Verrücktheiten, die sie in ihrer Freizeit unternehmen. Im Glauben ändert sich diese Gleichung:

Wenn es vorher hiess, weil ich arbeite, bin ich jemand, dürfen und müssen wir neu sagen:

Weil ich glaube, bin ich jemand und darum arbeite ich. Weil ich glaube, bin ich jemand und darum weiss ich etwas mit meiner Freizeit anzufangen. Ich muss niemandem mehr etwas beweisen, damit ich jemand bin. Im Glauben weiss ich bereits, ich darf jemand sein, unabhängig davon wie begabt ich bin.

Solcher Glaube setzt Kräfte frei, schenkt von aussen gesehen Selbstvertrauen, welches in Wahrheit Gottvertrauen ist. Dieses Gottvertrauen für jeden Menschen, unabhängig von seiner Herkunft und Stand, legte den Grundstein zum wirtschaftlichen Wohlstand der evangelischen Orte. Unser Zürcher Reformator Huldrych Zwingli, forderte das Geschäft mit dem Dienst an fremden Herren, die Reisläuferei abzuschaffen, mit der Begründung: "Zwar bringt der Boden nicht Zimmet, Ingwer, Tokayer, Gewürznelken, Orangen, Seide und derartige Luxusgüter. Aber er trägt Butter, Meisterwurz (damals gebräuchliches Heilmittel gegen

Erkältungen), Milch, Pferde, Schafe, Vieh, Tuch (aus selbstgesponnener Wolle), Wein und Korn im Überfluss. So könnt ihr schöne, kräftige Menschen aufziehen und ohne Probleme durch Tausch oder Kauf hereinholen, was euch fehlt." Die Förderung des Vertrauens auf die eigenen, von Gott gegebenen Gaben liess die Landwirtschaft und das Handwerk erblühen. So legte es den Grundstein für den Wohlstand.

Genau diese Erfahrung lässt uns auch eine der wichtigsten Ursachen für die Armut der dritten Welt diagnostizieren. Dort wird das Vertrauen in die von Gott gegebenen, eigenen Kräfte von den tonangebenden Leuten zuwenig gefördert. Im Gegenteil, sie transferieren die erwirtschafteten Gewinne ins Ausland, so auch in die Schweiz. Sie entziehen damit dem eigenen Land wichtige Entwicklungsmöglichkeiten. Was wir bisher als typisch dritte Welt, als fremdartiges, exotisches Verhalten betrachteten, bekommt auch bei uns allmählich Bedeutung. Immer mehr werden grosse Summen Geldes in ferne Länder transferiert... Wir merken, das Vertrauen in die eigenen Möglichkeiten beginnt im Kopf. Es muss von allen mitgetragen werden, auch vom Grosskapital. Nur so lassen sich gesunde Grundlagen für die Zukunft legen. Evangelisch denken und handeln heisst eben, ständig mit Gottvertrauen sich den Herausforderungen der Gegenwart stellen und die Zukunft beherzt angehen. Evangelisch sein, heisst sich zu erneuern, aus Gottes Kraft zu leben, die immer Neues schafft.

Wir nennen uns evangelisch-reformiert. Wir tun gut daran, das oft vergessene Wörtchen "evangelisch" nicht zu vergessen. Dieses Wort ist es, das zur ständigen Erneuerung im Glauben an Jesus Christus ruft und uns damit auch mit allen Christen, jeglicher Konfession, verbindet. Der Gebrauch des Wortes "reformiert", losgelöst von evangelisch, wird heute in den Medien wertfrei gebraucht und ist daher ohne "evangelisch" bedeutungslos geworden. Zum Beispiel kann es heissen: Firma X reformiert ihren Aussendienst oder Firma Y wurde reformiert. Vielleicht lesen wir eines Tages: Der Vatikan wurde reformiert. Sicherlich hätten wir nichts dagegen, aber wir merken, ohne das Wörtchen "evangelisch" hätte diese Aussage nichts mehr mit uns zu tun, obwohl wir uns "reformiert" nennen.

Es bleibt unsere ständige Aufgabe:

Evangelisch zu werden, zu sein, zu bleiben und uns dafür nicht zu schämen.

Dadurch schliessen wir andere Christen nicht aus, sondern mit ein! Denn eigentlich sind wir evangelisch-reformierte Katholiken!

Amen

Zur zürcherischen Reformation: Auswahl aus Zwinglis 67 Thesen

1. Alle, die sagen, das Evangelium gelte nichts ohne die Bestätigung der Kirche, irren und schmähen Gott.

6. Denn Christus Jesus ist der Führer und Hauptmann, von Gott dem menschlichen Geschlecht verheissen und auch gesandt.

11. Wir sehen, dass die Satzungen der sogenannten Geistlichen über ihren Prunk, Reichtum, Stand, Titel, Gesetze eine Ursache aller Torheit sind.

14. Alle Christen sollen sich dafür einsetzen, dass einzig das Evangelium Christi überall gepredigt werde.

17. Vom Papst: Christus ist ein einziger, ewiger oberster Priester. Daraus folgt, dass alle, die sich als oberste Priester ausgeben, der Ehre und Gewalt Christi widerstreben...

27. Alle Christen sind Brüder Christi und untereinander Brüder und keiner soll sich zum Vater über die anderen erheben auf Erden. Damit erübrigen sich alle Orden und Sekten...

66. Es sollen alle geistlichen Vorgesetzten sich sofort demütigen und nur das Kreuz Christi, nicht die Geldkiste, aufrichten, oder sie gehen zugrunde; denn die Axt ist schon an die Wurzel des Baumes gelegt.

Die Dunkelheit geht zu Ende, 1. Advent

Predigt zu Römer 13, 11b.12

Im Advent singen wir vom Licht, das die Dunkelheit verdrängt. So heisst es im Lied, "O Heiland, reiss die Himmel auf":

„O klare Sonn, du schöner Stern,
dich wollten wir anschauen gern;
o Sonn, geh auf, ohn deinen Schein
in Finsternis wir alle sein."

Ich kannte mal jemanden, mit dem war nicht immer gut Kirschen essen. Er war ein Choleriker. Wenn ihm etwas nicht passte, liess er ungebremst seine Wut heraus und verurteilte jene, die nicht seiner Meinung waren in Bausch und Bogen. Er vermittelte den Eindruck eines Menschen, der ganz genau wusste, was richtig war und was falsch. Aber nicht nur das, er wusste auch immer den lieben Gott auf seiner Seite. Genau dieser Mann bekannte, dass sein liebstes Kirchenlied "O Heiland, reiss die Himmel auf" sei. Das erstaunte mich sehr, viel eher hätte ich von ihm etwas Bombastisches, Hymnisches erwartet als ein Bittlied. Der bittende Mensch in diesem Lied weiss nämlich um seine Finsternis, in der er sich befindet: "O Sonn, geh auf, ohn deinen Schein in Finsternis wir alle sein."

Dieses Bekenntnis des cholerischen Mannes versöhnte mich mit ihm. Es zeigte mir, dass er in seinen tieferen, unsichtbaren Schichten durchaus um seine Finsternis wusste, obwohl er sonst gegen aussen sich gar nichts davon anmerken liess.

Rudolf Otto Wiemer schreibt mit dem Bild vom Balken, der Finsternis entsprechend, zutreffend:

„Wer mit dem Bruder nicht hat Geduld,
wer nicht sagen kann: Ich bin schuld –
der hat den Balken im Auge.

Wer sieht, wie Böses geschieht, und schweigt,
wer auf seine weisse Weste zeigt –
der hat den Balken im Auge.

Wer sich für fromm hält und gerecht,
wer sagt: Die anderen sind schlecht –
der hat den Balken im Auge.

Wer immerfort in den Spiegel blickt
und dabei nie vor sich selbst erschrickt –
der hat den Balken im Auge."

Advent, die Erwartung auf Gottes Erscheinen im auferstandenen Christus, hat somit sehr mit uns selbst etwas zu tun. Früher war daher der Advent eine Zeit der Stille, eine Zeit der Besinnung, ja eine Zeit der Busse, was soviel bedeutet wie Umkehr. Man besann sich darauf, was man in seinem Leben ändern wollte. Ein schöner Brauch war es auch die „Wienachtsguezli" zu backen, aber sie auf keinen Fall zu essen. Das erhöhte die Weihnachtsfreude. Auch das langsame Erhellen der Nacht, von der ersten Adventskerze bis zu den vielen Kerzen am Christbaum.

Die heutige Adventszeit wird daher schon oft gar nicht mehr so genannt, sondern heisst besonders in der Geschäftswelt, Vorweihnachtszeit. Vielleicht wird mit diesem Wort, "Vorweihnachtszeit" auch ausgedrückt, dass das Leben im Advent nicht so angenehm ist. Das Leben im noch nicht Erfüllten, sondern nur Verheissenen ist noch kein Fest. Erst die Erfüllung des Verheissenen wird zum Fest, eben die Geburt des Erwarteten, an die an Weihnachten erinnert wird. Advent erinnert an die noch ausstehende Erfüllung unserer Hoffnungen. Wir haben aber Grund zur Hoffnung, weil Gott schon Mensch geworden ist in Jesus Christus. Wir leben zwar noch in der Nacht, aber wir sehen schon den anbrechenden Tag. **Jetzt ist uns die Rettung näher als zu der Zeit, in der wir gläubig wurden.** Mit jeder Stunde kommen wir dem Ende der Welt näher. Aber dieses Ende ist nicht die endgültige Katastrophe, wie wir das in unserer von Katastrophenmeldungen geprägten Zeit erwarten würden. Nein, das Ende der Zeit heisst Christus, das wahre Licht. – Wann das sein wird, wissen wir nicht. – Er ist der anbrechende Tag, das Ende der Nacht. **Die Nacht ist vorgerückt, der Tag aber ist genaht.** Darum wollen wir der Finsternis durch das Licht von Christus als unserer Waffe widerstehen, sowohl jener in uns als auch ausserhalb von uns. **Darum lasset uns ablegen die Werke der Finsternis, anziehen aber die**

Waffen des Lichtes!

Ungerechtigkeit, die uns widerfährt, wollen wir als Herausforderung annehmen, um uns noch mehr Christus zuzuwenden, damit uns sein Licht schon heute erhelle, bis sein Tag anbricht!

Anders ausgedrückt:

Das Licht lichtet,
die Nacht nachtet,
es lichtet die Nacht!
Amen

Bethlehem du kleine ..., 1. Weihnachtstag

Predigt zu Micha 5, 2, Lesung: Lukas 2, 1 – 20

Gottes Sohn wurde von Maria geboren. Wir können darüber Gott nicht genug preisen. Er wurde nicht irgendwo geboren, sondern an einem bestimmten, geschichtsträchtigen Ort: Bethlehem ist sein Name. Es war kein berühmter Name, wie Jerusalem oder gar der einer Weltstadt wie Rom.

Über Bethlehem heisst es im Propheten Micha, rund 700 Jahre vor Christi Geburt, **Und du, Bethlehem-Efrata, du kleinster unter den Gauen Judas, aus dir soll mir hervorgehen, der Herrscher in Israel werden soll**. – "Efrata" war die nähere Bezeichnung für das bestimmte Bethlehem, nämlich jenes der Nachkommenschaft des Efrata, aus welcher auch König David stammte (1. Samuel 7,12). –

Weil Bethlehem klein ist, meinte Martin Luther: "Willst du Gott in seinem Wesen recht lernen erkennen, so musst du unten anfangen, wie der Prophet tut, dass du am ersten gen Bethlehem kommst".

Schauen wir, was Gott tat im kleinen Bethlehem:

Es nahen sich zwei Frauen, eine alte und eine junge. Die alte Frau heisst Naemi, die junge heisst Ruth. Ruth ist eine kinderlose, verwitwete Schwiegertochter von Naemi. Sie stammt aus dem Lande Moab, wo die Familie von Naemi aus Bethlehem wegen einer Hungersnot Zuflucht gefunden hatte. Da nun Naemis Söhne verstorben waren, wollte sie zurück in ihren Heimatort. Ruth, die Moabiterin, wollte ihre Schwiegermutter unbedingt dorthin begleiten. Sie liess es sich mit den berühmten Worten nicht nehmen: **Wo du hingehst, da will auch ich hingehen ...** (Ruth 1,16). In Bethlehem ist Ruth fremd. Wie wird sie wohl aufgenommen? Naemi, der Sitten und Bräuche ihrer Heimat kundig, berät sie, wie sie es anstellen soll, um den richtigen Mann zu bekommen, um das dem verstorbenen Manne zustehende Erbe zu erhalten. Die kluge Freundschaft dieser beiden Frauen, Schwiegermutter und Schwiegertochter, führt zum Erfolg. Sie finden ein eigenes Heim an ihrem Heimatort, die Fremde und die Bürgerin gemeinsam. Es geschah in Bethlehem, dass Ruth

Zuflucht fand bei Israels Gott. Und mehr noch, sie heiratete Boas, einen Bürger Bethlehems, wird Mutter von Obed, Grossmutter Isais und somit Urgrossmutter von König David. Grosses tat Gott im kleinen Bethlehem. Ruth erhielt das Bürgerrecht Bethlehems.

Ein Prophet und Richter wanderte nach Bethlehem. Samuel ist sein Name. Heimlich kommt er, auf Schleichwegen. König Saul darf von seinem Besuch nichts wissen. Der König ist krank an seiner Seele, von Schwermut niedergedrückt, von Wutanfällen geschüttelt. Samuel lässt alle acht Söhne des Isais (auch Jesse genannt) kommen. Erst beim Jüngsten, der draussen die Schafe hütet, sagt ihm Gott, dass es der richtige sei, den er zum zukünftigen König Israels salben soll. (1. Samuel 16)

Aus Bethlehem holt Gott den kleinsten von acht Brüdern und macht ihn zum König.

Aber die Kleinen macht Gott gross. Wie sagt Martin Luther? "Willst du Gott in seinem Wesen recht lernen kennen, so musst du unten anfangen, wie der Prophet tut, dass du zuerst nach Bethlehem kommst... lieber klettre nicht hinauf, geh zuvor nach Bethlehem."

Wieder kommen zwei Menschen nach Bethlehem gezogen, ein Mann und eine Frau. Sie finden nur bescheidenen Raum, **weil sie in der Herberge keinen Platz fanden**. Nicht etwa, weil sie nicht hätten bezahlen können, sondern ganz einfach, weil alles ausgebucht war. **... aus dir soll mir hervorgehen, der Herrscher in Israel werden soll**. In Bescheidenheit, in Kleinheit, ja Ärmlichkeit muss das in Wahrheit Grosse beginnen.

Das Grösste tut Gott bei den Kleinsten, das Höchste bei den Geringsten. Wenn ein Mensch Gottes Wege nicht versteht, dann nicht, weil sie zu hoch sind. Wenn ein Mensch Gottes Wege nicht versteht, dann deshalb, weil sie ihm zu klein sind, zu niedrig, zu unscheinbar, zu bescheiden. "Ach lieber klettre nicht hinauf, geh zuvor nach Bethlehem."

Und du Bethlehem im Lande Judas, bist keineswegs die kleinste ... (Matthäus 2, 6), heisst es aber in der Weihnachtsgeschichte nach Matthäus. **Kleinster** wird mit **keineswegs** zu **keineswegs die kleinste** ergänzt. Das ist zwar nicht das pure

Gegenteil, aber die Kleinheit wird doch massiv relativiert. Darf das Matthäus? Ich denke, wenn wir die vorangegangenen Geschichten miteinbeziehen, sehen wir, dass mit Bethlehem etwas passiert ist. Aus Bethlehems Kleinheit gingen Könige hervor und nicht zuletzt jetzt auch der grösste König der Menschheit. Bethlehem ist daher nicht mehr klein. Es ist ein weltweit berühmter Ort geworden, so berühmt, dass man sich dort den Kopf zerbricht, wie die zur Jahrtausendwende zu erwartenden Massen an Pilgern beherbergt und organisiert werden können.

Dass Gott aus kleinem Grosses schafft, erinnert auch an den Volksspruch: "Hochmut kommt vor dem Fall". Wie halte ich es mit meiner Orientierung im Leben? Von wo her definiere ich mein Selbstverständnis? Kann ich warten? Kann ich Kleines, Unscheinbares werden lassen? Oder will ich in meinem Herzen von Anfang an das Grosse? Wo ist mein Herz zuhause?

Die Frage gilt unabhängig davon, ob ich reich oder arm bin. Sowohl der Reiche wie der Arme kann ein hochmütiges Herz haben. Hängt mein Herz am Stall in Bethlehem oder am Palast in Jerusalem oder gar in Rom?

Amen

Komm und sieh! 1. Sonntag im neuen Jahr

Predigt zu Johannes 1, 35 – 51, Lesung: 1. Mose (Genesis) 28, 10 – 16

Die doppelte Aufforderung an Natanael: **Komm und sieh!** durch Philippus hat es mir im heutigen Textabschnitt angetan.
"Sieh" heisst im griechischen Urtext: "Ide". Aus diesem Wort stammt wesentlich unser Wort "Idee". Wenn wir sagen: "Ich habe eine gute Idee", dann meinen wir einen Gedanken, der uns blitzartig gekommen ist. Eine Idee ist nicht verfügbar, sie wird geschenkt bei der Beschäftigung mit einem Thema, bei einer bestimmten Tätigkeit. Im ursprünglichen Wortgebrauch fällt aber die blitzartige Art der Idee weg. Es ist hier ein Bemühen um Erkenntnis, um Wissen, um Verstehen. Verstehen wiederum hat etwas mit Vorstellung zu tun, sich ein Bild machen, darum steckt im Wort "sieh" auch das Wort Idol. Ein Idol verkörpert viele unserer Wünsche in der heutigen Zeit. Je nach Geschmacksrichtung haben wir verschiedene Idole. Für die einen ist es Bill Gates, für die anderen Michael Jackson. Beide verdienen so gut, dass sie sich alles leisten können, ein Wunsch von vielen. Idole sind Verkörperung unserer Wünsche, die modernen griechischen Halbgötter. Aber eben, Götter oder Halbgötter, nicht Gott...
Wenn nun Philippus zu Natanael sagt: **Komm und sieh!** fordert er ihn nicht nur auf zu kommen, sondern verheisst ihm, dass es sich in höchstem Masse lohnt zu kommen. Falls du kommst, wirst du den sehen, **von dem Mose im Gesetz geschrieben hat und auch die Propheten, den haben wir gefunden, Jesus, den Sohn Josefs, aus Nazaret.**
Natanael ist ein kritischer, wahrscheinlich gelehrter Mensch. Zweifelnd hat er gesagt: **Kann aus Nazaret etwas Gutes kommen?** – Dort leben doch nur Halbfromme, so ist er informiert. – Das **Komm und sieh!** des Philippus lässt ihn aber von seinem Schriftstudium unter dem Feigenbaum aufstehen.
Jesus sah Natanael auf sich zukommen, und er sagt von ihm: Siehe, in Wahrheit ein Israelit, an dem kein Falsch ist. Natanael fühlt und weiss sich von Jesus erkannt

– durchschaut –. So reagiert er vorsichtig und fragt: **Woher kennst du mich?** **Jesus entgegnete: Bevor Philippus dich rief, habe ich dich gesehen, als du unter dem Feigenbaum warst.** Offensichtlich hat ihn Jesus nicht im äusserlichen Sinne gesehen, sondern sein Wesen, das jenes eines Studierenden war, erfasst, bevor Natanael nur schon Jesus erblickt hatte.

Durch dieses Erkanntwerden kann auch er erkennen und sagt: **Rabbi, du bist der Sohn Gottes, du bist der König Israels.**

Ja: **Komm und sieh!**

Was gibt es zu sehen? **Das Lamm Gottes**. (Vers 36) So sagt es Johannes der Täufer. Verschiedene alte Abschriften ergänzen mit: "Das der Welt Sünde trägt". Ein Lamm ist in der Bibel seinem Wesen nach ein Opfertier, weshalb die Ergänzung sinngemäss richtig ist und mit grosser Wahrscheinlichkeit auch ursprünglich. Die alte Zürcher Übersetzung schrieb deshalb zu Recht: **Siehe, das Lamm Gottes, das die Sünde der Welt hinwegnimmt!** Wir dürfen die Sünde auf ihn legen, dürfen sie auf ihn werfen.

In der Zeller Weihnacht bringen die Hirten dem Jesuskind in der Krippe Geschenke. Im Evangelium bringen sie die drei Weisen aus dem Morgenland.

Komm und sieh!

Tatsächlich will Jesus unsere Geschenke. Aber es sind vorerst einmal unansehnliche Geschenke. Er will, dass du ihm deinen Unglauben wie Natanael abgibst! Er will, dass du deine Ängste, deine Sorgen ihm anvertraust, damit er sie tragen kann. Er will dir deine berechtigte Wut, deinen berechtigten Zorn, ja deinen Hass abnehmen. Er will dir auch deine Ängste im Hinblick auf dieses neue Jahr mit seinem Wechsel am Ende zum letzten Jahr dieses Jahrtausends abnehmen. Er will, dass du dich nicht irre machen lässest durch die unheilige Allianz von Weltuntergangs-Propheten und Computerfachleuten. Das Ende der Welt hält Gott allein in seiner Hand. Er lässt sich nicht in seine Karten schauen, schon gar nicht durch Astrologie, Hellseherei, Nostradamus oder durch wen und was auch immer.

Vertrau ihm, folge ihm nach wie Natanael, der Zweifler oder viel direkter wie Philippus, der dem Ruf von Jesus ohne Umschweife folgt: **Folge mir nach!** Dieses "folge mir nach" meint wörtlich aus dem Griechischen übersetzt "hinter mich".

Komm und sieh! den, dem es hinterherzugehen lohnt. Er hat Worte des Lebens, er kann dein Leben erfüllen! Eindrücklich ist mir in Erinnerung, wie einst ein Konfirmand, der sich an der Konfirmation taufen liess, sich über die Nachfolge ausdrückte. Sein Vater war Bergführer. Er erzählte: "Ich durfte mit meinem Vater eine Skitour unternehmen. Es ging durch tiefen Schnee, weshalb wir auch tief einsanken. Normalerweise ging ich hinter meinem Vater her, in seiner Spur. Aber einmal brach ich aus der Spur aus und wollte einen eigenen Weg gehen. Das machte ich nicht lange, denn bald merkte ich wie streng das war und dass meine Kräfte nicht ausreichen würden. So kehrte ich wieder zurück in die Spur des Vaters. Dies wurde mir zu einem Bild für den Glauben. Wenn ich Jesus nachfolge, komme ich gut voran und der Weg macht Sinn."

Komm und sieh!

Im Alltag brauchen wir diese Aufforderung: **Folge mir nach!** auch aus Sicherheitsgründen, um Unfälle zu vermeiden, Leben zu schützen. Ich denke dabei an die Wagen auf dem Flugplatz, die mit "Follow me", "folge mir nach" angeschrieben sind. Die Piloten lassen sich von diesen Fahrzeugen lotsen, weil sie wissen, dass es für sie und ihr Flugzeug am besten ist.

Darum, folge Jesus auch in diesem neuen Jahr nach oder beginn damit. Setze dein Vertrauen auf ihn und nichts anderes in der Welt, so wirst du leben!

Amen

Credo, Vater, 1. Sonntag nach Epiphanias

Predigt zu Galater 4, 6; Lesung: Lukas 12, 22 – 34

Bekennen ist „in“. In der Popszene werden viele Bekenntnisse abgelegt, manchmal ernsthaft, manchmal ironisch oder satirisch. Am bekanntesten ist wohl Madonna, die „I confess“ singt, zu deutsch, „ich bekenne!“

Auch in Liebesbeziehungen wird viel bekannt, man möchte gerne von ihm oder ihr wissen, ob er oder sie zu einem steht, sich zur Beziehung bekennt. So kommt es öfters vor, dass Heiratsanträge nicht mehr im stillen Kämmerlein erfolgen, sondern auf der Bühne, an Partys, übers Radio, Fernsehen, Internet usw. nach dem Motto, die ganze Welt soll es wissen.

Bekenntnisse wollen grundsätzlich Orientierung und Gewissheit geben. Sie wollen andern Bekenntnissen gegenüber Rechenschaft darüber ablegen, „wessen Geistes Kind“ die eigene Konfession ist. Bekenntnisse wollen dem eigenen Glauben auf die Sprünge helfen, Worte geben. Bekenntnisse, die öffentlich im Gottesdienst ausgesprochen werden, sollen in Übereinstimmung mit der Bibel Gottes Wort sein.

Nicht zuletzt schaffen Bekenntnisse Klarheit in umkämpften schwierigen Zeiten. Das berühmteste Bekenntnis aus jüngerer Zeit ist wohl die Barmer Erklärung, entstanden an der ersten Bekenntnissynode der protestantischen Kirchen Deutschlands, Ende Mai 1934. – Der bekannte Schweizer Theologe Karl Barth wirkte bei der Formulierung massgeblich mit –. Dieses Bekenntnis half unzähligen Menschen die Geister in Nazideutschland zu unterscheiden. Zum Beispiel heisst es dort: „Wir verwerfen die falsche Lehre, als könne und müsse die Kirche als Quelle ihrer Verkündigung ausser und neben diesem einen Worte Gottes auch noch andere Ereignisse und Mächte, Gestalten und Wahrheiten als Gottes Offenbarung anerkennen.“

Seit 1868 ist die evangelisch-reformierte Landeskirche des Kantons Zürich bekenntnisfrei – nicht zu verwechseln mit bekenntnislos –. Seither darf man bei der Taufe das apostolische Glaubensbekenntnis gebrauchen, aber muss dies nicht. Im

Laufe der Zeit kam das Rezitieren des ökumenischen Glaubensbekenntnisses in unserer Kirche praktisch in der ganzen Schweiz zum Erliegen, obwohl es seit 1927 auch von den Ostkirchen anerkannt ist, somit von allen christlichen Kirchen.

Der schweizerische evangelische Kirchenbund hat angeregt, dass sich die Mitgliedkirchen erneut mit der Bekenntnisfrage beschäftigen und ihm ihre Meinung mitteilen.

Es ist an der Zeit, das Bekennen wieder zurück in unsere Kirchen zu holen und es nicht nur weltlichen Ausdrucksweisen zu überlassen.

Dazu bietet sich als Ausgangspunkt das ökumenische, apostolische Bekenntnis an, gemäss dem Anfang „Ich glaube" auf lateinisch „Credo" genannt. Es ist der Legende nach bereits von den 12 Aposteln selbst formuliert worden, daher sein Name apostolisches Glaubensbekenntnis. Seine Anfänge lassen sich aber erst – oder schon – im zweiten Jahrhundert in der Taufliturgie nachweisen. Der Täufling legte mit einem ähnlichen Bekenntnis Zeugnis für seinen Glauben ab beziehungsweise darüber, dass er im christlichen Glauben unterrichtet worden war. Es ist somit im Kern wohl das älteste ausserbiblische Glaubensbekenntnis.

So wollen wir uns der ersten Person der Trinität zuwenden, abgedruckt im Gesangbuch RG 263:

„Ich glaube an Gott,
den Vater, den Allmächtigen,
den Schöpfer des Himmels und der Erde."

Hier wird festgehalten, dass Gott Vater und Allmächtiger ist. Ohne den Vater gäbe es auch nicht den Sohn, aber „gezeugt, nicht geschaffen", wie das Glaubensbekenntnis von Nizäa-Konstantinopel (RG 264) präzisiert. Mit Gott als Vater wird gleich von Anfang an deutlich, dass der Sohn von Anfang an mit dem Vater eins ist. Gemäss den Evangelien und den Paulusbriefen bezeichnet Jesus Gott mit Vater. So redet Jesus in der Bergpredigt von Gott als Vater, im Johannesevangelium 10, 30 sagt er kurz und bündig: „Ich und der Vater sind eins."

Wenn er seine Jünger lehrt, zu Gott zu beten, lehrt er sie mit dem „Unser Vater"

(Matthäus 6, 9) gar nur „Vater“ zu sagen. Er offenbart Gott damit als eine innige Beziehung, so nahe, dass er gar an andern Orten „Vater“ mit dem aramäischen Kosenamen „Abba“, also Papa, gleichstellt. So sagte er im Garten Gethsemane gemäss dem Markusevangelium 14, 36: „Abba, Vater, alles ist dir möglich.“ Paulus bringt das auf die Gläubigen bezogen allgemeiner zum Ausdruck, wenn er zu Recht im Galaterbrief 4, 6 schreibt:

Weil ihr aber Söhne und Töchter seid, hat Gott den Geist seines Sohnes in unsere Herzen gesandt, den Geist, der da ruft: Abba, Vater!

Da geht es offensichtlich um eine innige Beziehung zwischen dem Vater und seinen Kindern. Da es um diese Qualität der Beziehung geht, spielt es keine relevante Rolle mehr, wenn Gott mit Papa bezeichnet wird und nicht auch mit Mama. – Zwischenbemerkung: „Papa“ hat einen emanzipatorischeren Effekt als „Mama“, da dieses Wort vom lateinischen Mamma mit zwei m her kommt, was Mutterbrust bedeutet. Das erinnert daran, dass alle Kinder einst an der Mutterbrust gestillt wurden und somit vollständig von der Mutter und dem Mutterleib abhängig waren im Unterschied zum Vater. –

Weiter wird Gott mit dem Allmächtigen gleichgesetzt. Daher heisst der Anfang der Präambel in der neuen Bundesverfassung nach wie vor: „Im Namen Gottes des Allmächtigen!“ Nicht der Mensch soll allmächtig sein sondern Gott allein! In bestimmten politischen Situationen ist eine solche Aussage hilfreich und klärend wie bei der erwähnten Barmer Erklärung. Andererseits vermittelt der „Allmächtige“ schwierige Assoziationen und Bilder. So könnte man meinen, wenn dieses Wort losgelöst von der innigen Vater-Kindbeziehung gebraucht wird, dass Gott ein Marionettenspieler sei, dem wir schicksalhaft, ohne eigene Verantwortung ausgeliefert seien.

Worte und insbesondere Bekenntnisse haben es an sich missverstanden zu werden. Nicht alle stellen sich unter denselben Worten dasselbe vor. Sie bleiben immer Krücken, die nur helfen können, unseren Glauben und jenen der Gemeinschaft, der Kirche, auszudrücken.

Was aber mit diesen Worten ausgedrückt werden möchte, drückte für mich Conrad Ferdinand Meyer mit dem folgenden Satz treffend aus: „Was Gott ist, wird in Ewigkeit kein Mensch ergründen, doch will er treu sich allzeit mit uns verbünden.“ Gottes Wege bleiben manchmal ein Geheimnis.

Mit „Schöpfer des Himmels und der Erde“ wird weiter ausgeführt, dass Gott somit als Liebender die Welt und das Weltall geschaffen hat. Diese kurze Feststellung macht deutlich, dass die Natur, das Geschaffene, das Gewordene ist, nicht mit Gott selbst verwechselt werden darf. Diese Feststellung grenzt sich zum Beispiel vom Pantheismus ab, bei dem Gott im Geschaffenen aufgeht. Sie grenzt sich auch von den Naturreligionen ab, bei denen Gottheiten und Geister in der Natur regieren. So erzählte mal ein Missionar, dass er in Indonesien ein schönes Feld sah, das zu bewirtschaften sich gut geeignet hätte. Die Einwohner wollten aber nicht, bis er heraus fand, dass sie glaubten ein böser Geist wolle nicht zulassen, dass dieses Feld beackert würde. Erst der Glaube an den dreieinigen Gott ermöglichte ihnen die Bewirtschaftung dieses Feldes.

Dieses kurze Bekenntnis zu Gott als Schöpfer entmythologisiert die Welt und macht sie erst wirklich brauchbar und entwicklungsfähig gemäss dem Geist des Schöpfungsberichtes der Bibel. Da der Mensch aber in diese innige Gottesbeziehung hinein gerufen ist, in der wir rufen „Abba“, versteht es sich von selbst, dass die Erde sorgfältig und Ressourcen schonend „beackert“ werden soll. Vergeudung im Unterschied zu Überfluss ist biblischem Denken fremd.

Schliesslich fällt auf, dass beim Vater- beziehungsweise Schöpfergott die Geschichte mit den Menschen gar nicht erwähnt wird. Es fehlt die ganze Erwählungsgeschichte Israels. Tatsächlich ist sie mit dem Fokus auf Jesus Christus für den Täufling nicht zentral, da in Christus die Geschichte der Menschheit und Israels fokussiert wird.

Zum Schluss möchte ich Ihnen aber den Vorschlag der „Initiativgruppe reformierte Bekenntnisse“ zu unserem Abschnitt nicht vorenthalten. Sie schlägt vor ihn neu als reformiertes Bekenntnis als „Credo von Kappel“ zu formulieren mit folgendem Anfang:

„Ich vertraue Gott,

der Liebe ist,

Schöpfer des Himmels und der Erde“.

Wie denken Sie über diesen Vorschlag?

Das anschliessende lebendige Predigtgespräch ergab, dass diese neue Formulierung einerseits gut verständlich ist. Andererseits wurde aber auch zu bedenken gegeben, ob es sinnvoll sei eine ganz eigene Formulierung anzustreben, wenn die ganze Christenheit sagt; „ich glaube“, zu sagen, „ich vertraue“. Andere meinten hingegen, die Schweiz solle voran gehen. Mehr dazu unter:

www.landeskirchenforum.ch/bericht/4.

Generell fehlt der entschlackten Ausdrucksweise die innige Beziehung und die Kampfansage an die Allmächtigen dieser Welt. Es geht der politische Gehalt verloren angesichts der Tatsache, dass auch die neue Bundesverfassung von 1999 mit der Präambel beginnt:

Im Namen Gottes des Allmächtigen!

Amen

Reich sein, Gospel-Festival Zürich-Albisrieden

Predigt zu Jeremia 9, 22.23, Lesung: Matthäus 9, 9 – 13

Als ich etwa vor bald zwanzig Jahren einen meiner Söhne fragte, was möchtest du einmal werden? kam die unerwartete Antwort: Millionär. Auch von andern Kindern erhielt ich schon öfters diese Antwort. So frage ich Sie und mich: Was wollen die Kinder damit ausdrücken? Einerseits wohl, dass sie sich einmal alle Wünsche erfüllen können, ein sorgenfreies Leben führen dürfen. Andererseits aber auch, dass sie etwas erreichen wollen. Sie wissen aber noch nicht wie, denn das Ziel liegt noch in einer fernen, nebulösen Zukunft, was wohl eine grosse Zahl wie eine Million am besten ausdrückt.

Die Grössenvorstellung fällt nicht nur Kindern schwer, sondern auch oft noch jungen Erwachsenen. Da können so Phantasien aufkommen wie, dass alles, was unter einer Million Franken ist, eigentlich nicht viel Geld sei. Daher verschulden sich viele junge Leute viel zu hoch. Einst lernte ich einen jungen Menschen kennen, der hatte mit 24 Jahren bereits 100'000.- Franken Schulden. Er bestätigte mir, dass er sich einfach keine Vorstellung machen konnte, wie lange es dauern würde, bis er soviel Geld gespart hätte. Unterdessen ist er mit viel eiserner Disziplin und viel Entgegenkommen der Gläubiger auf einem guten Weg, dass er nach zehn Jahren schuldenfrei sein wird. Zehn Jahre braucht er um das Geld mit vereinten Kräften aufzubringen, das er in einem Jahr verloren hatte. – Aber er konnte sich das gar nicht vorstellen. Das ist wohl der heikle Punkt, nicht nur bei diesem jungen Mann oder Kindern: Unser Vorstellungsvermögen ist sehr klein und neigt einerseits zur Selbstüberschätzung und andererseits zur -unterschätzung.

Wir leben in einer Zeit, da sich mehr Menschen als je in Europa dem Materialismus zugewandt haben und weiter zuwenden. Sie können mit Gott nichts mehr anfangen, wenn er nicht ihre Wünsche erfüllt. Aber auch dann nicht, wenn ihnen ihr Leben gut gelingt und sie reich werden und ihre Wünsche in Erfüllung gehen. Der Mensch will sich selbst genügen und selbstgerecht, autonom, sein. Da stört die Vorstellung, dass da noch jemand mitreden und manchmal auch ganz direkt dreinreden will. Der Mensch hätte gerne Gott so wie im Märchen den Geist aus der Flasche, der tun muss, was sein Finder, der Mensch, will. So, wie der Geist aus der Flasche sollte Gott dem Menschen gegenüber sein, gehorsam und alle Wünsche erfüllen. Der Mensch liebt es der Grösste zu sein und sich zum Richter über andere und alles zu machen und so auch über Gott. Das ist aber nicht erst heute so, sondern war wohl schon immer so seit es Menschen gibt. So musste der Prophet Jeremia auch dem Gottesvolk vor rund 2600 Jahren sagen in (9, 23):

...**dessen rühme sich, wer sich rühmt:**

einsichtig zu sein und mich zu erkennen, dass ich, der HERR, es bin, der Gnade, Recht und Gerechtigkeit übt auf Erden, denn daran habe ich Gefallen.

Schon damals musste Gott den Menschen sagen, dass das Wohl, der Reichtum des Menschen darin liegt zu erkennen, dass Gott keine Nebensächlichkeit ist. GOTT hat in Wahrheit die Macht zu richten, uns Menschen zu führen, Recht zu sprechen, Gerechtigkeit und Vergebung walten zu lassen.

Recht und Gerechtigkeit lassen sich nicht einfach herstellen. Sie müssen gesucht werden in Respekt vor einander, im Wissen darum, der oder die andere könnte auch recht haben. Konfliktpartner stehen nicht über dem Gesetz, sondern darunter.

Gottes Weisheit, Gottes Stärke, Gottes Reichtum gilt es in unserem Alltag zu suchen, wie Gott dies durch den Propheten Jeremia ausrichten liess (9, 22):

So spricht der HERR:

Wer weise ist, rühme sich nicht seiner Weisheit,

und der Starke rühme sich nicht seiner Stärke,

wer reich ist, rühme sich nicht seines Reichtums.

Auch wenn ich, wenn du, wenn Sie, noch so sehr auf irgend etwas abfahren, sei dies Besitz, Geld- oder Rohstoffwerte oder Wissen, die grosse Bibliothek in Papier und/oder digital, die grosse Musiksammlung, die bestandenen Prüfungen, die tollen Muskeln, die sportliche Geschicklichkeit, die Schlauheit, die Diplomatie, die Mitmenschlichkeit, den Einsatz für die Natur usw.: Dies alles ist nichts wert, wenn es letztlich wichtiger ist als unser Glaube, unser Vertrauen auf Gott, weil wir dann zu einem selbstgerechten Stolz neigen. Daher sagte Jesus in der Bergpredigt, Matthäus 6,21: „Denn wo dein Schatz ist, da ist auch dein Herz." Vieles kann zum einzigen Lebensinhalt und Gottesersatz werden.

Auf Gott vertrauen heisst zu wissen, dass alles, worauf ich so stolz bin, eine Gabe, ein Geschenk Gottes ist und letztlich nicht mein Verdienst. Das zu wissen und zu glauben befreit von der ungesunden Gier nach Macht und Geld. Reich und glücklich sein heisst zu wissen – egal wie arm oder reich ich im materiellen Sinne bin – ich verdanke alles letztlich nicht mir, sondern dem lebendigen dreieinigen Gott. ER ist mein Reichtum. Das ist der Geist, die Kraft, von der so eindrücklich die Gospelsongs zehren und sie weiter geben. Das ist der Geist, der befreit zu beherztem Tun und Kämpfen für Gerechtigkeit, ohne dabei selbstgerecht und herzlos zu werden.

Gott gehört allein die Ehre, ihm gehört der Ruhm von Ewigkeit zu Ewigkeit!

Amen

Gebet *(unbekannter Autor)*

Lebendiger, dreieiniger Gott, was kann ich dir sagen, was du nicht schon weisst?

Ich habe anderen das Leben schwer gemacht, und es waren doch oft nur Kleinigkeiten, um die es da ging:

Ich wollte Recht behalten, aber ich vergass die Liebe, die du geboten hast. Ich bin unfair gewesen, ich bin böse geworden, wo ich hätte Geduld aufbringen müssen. Ich war so mit mir selbst beschäftigt, dass ich kein Ohr und kein Herz hatte für die, die Verständnis und Hilfe von mir erwarteten.

Ich habe geschwiegen, wo ich hätte reden sollen, ich habe den Dingen ihren Lauf gelassen, weil meine Angst grösser war als mein Vertrauen zu dir. Deinen Geboten habe ich wenig Gewicht gegeben und deine Güte missachtet. Ich habe dich vergessen, Gott, bei vielem, was ich tat und dachte.

Ich lasse mich gefangen nehmen von meinen Wünschen und Ängsten und sehne mich doch danach, frei und geborgen zu sein bei dir.

Herr, ich bin erschrocken, wie schwierig es ist, im Alltag aus dem Glauben an dich zu leben. Ich bekenne dir mein Unvermögen und meine Schuld: Herr, erbarme dich.

Amen

Sehen ist gar nicht so einfach! Estomihi

Lukas 18, 31 – 43, Lesung: Psalm 31, 2 – 9

Aufs Sehen mit den Augen des Glaubens beziehungsweise mit dem Herzen kommt es an. Das will uns im Wesentlichen der heutige Text zum Sonntag „Estomihi", „Gott sei mit mir", nahe bringen.

Um zu sehen, benötigt der Mensch 24 Bilder pro Sekunde. Anschaulich wird das, wenn wir einen Kino-Film ansehen. Da sehen wir nämlich nichts anderes als 24 Bilder pro Sekunde nacheinander. Aber nicht nur das. Nach jedem einzelnen Bild wird es nämlich für einen Bruchteil einer Sekunde dunkel. Dadurch vergisst der Sehnerv, was er soeben gesehen hat. Das nächste Bild erscheint ihm völlig neu, weshalb unser Gehirn den Unterschied von Bild zu Bild mittels einer fliessenden Bewegung verbindet. Nur dank einer Sinnestäuschung sind somit Filme für uns lebendig, eben laufende Bilder.

Wussten Sie, dass eine Fliege 300 Bilder pro Sekunde sieht? (Gemäss Lars Gustaffson, Carl Hanser Verlag). Das bedeutet, die Fliege sieht in einer Sekunde so viele Bilder wie der Mensch in zwölf Sekunden! Oder anders ausgedrückt, der Mensch ist zwölf Mal langsamer als die Fliege. Wenn der Mensch eine gesunde Zimmerfliege fangen will, dann erscheint der Fliege dessen Handbewegung als enorm langsame Bewegung. Zum Beispiel wird aus einer schnellen Armbewegung von 1/4 Sekunde eine von drei ganzen Sekunden. Da denkt also der Mensch, er sei schnell im Fangen, dabei ist er für die Fliege sehr langsam. – Zum Trost: Bei den Schmetterlingen ist es umgekehrt, die sehen weniger Bilder pro Sekunde als der Mensch, weshalb wir für sie schneller sind. –

Dieser kleine Ausflug in die Technik und Naturwissenschaft mag uns verdeutlichen, wie verschiedenartig das Sehen an sich schon ist. Dabei haben wir noch gar nicht über die Interpretation gesprochen von dem, was wir sehen. Da gehen bekanntlich die Meinungen schnell einmal auseinander. Richter wissen deshalb: Wenn Zeugen ganz genau dasselbe sagen über das, was sie gesehen haben, dann haben sie sich abgesprochen. Deshalb haben wir auch in der Bibel verschiedene Zeugenberichte über die Worte und Taten von Jesus. Auch sie stimmen nicht genau überein. Aber gerade das macht ihre Glaubwürdigkeit aus.

Zum Sehen benötigen wir Beleuchtung und Erleuchtung. Genau wie wenn wir Bilder betrachten. Für Papierbilder brauchen wir Licht. Für Dias, Filme und Videos brauchen wir aber erleuchtete Bilder, Bilder, durch die das Licht scheinen kann, damit wir sie sehen können. Dass wir erleuchtet – nicht nur beleuchtet – wahrnehmen können, ist aber ein grosses Geschenk Gottes. Das erlebten auch schon die Jünger von Jesus.

Jesus kündigte den Jüngern sein Leiden mit folgenden Worten an:

Denn der Menschensohn wird den Völkern ausgeliefert und verspottet und misshandelt und angespuckt werden. Und sie werden ihn auspeitschen und töten, und am dritten Tag wird er auferstehen.

Und wie reagierten die Jünger?

Und nichts von dem verstanden sie, und das Wort war ihnen verborgen, und sie begriffen das Gesagte nicht.

Dasselbe unverständige Verhalten legten sie auch an den Tag in der Begegnung mit dem Blinden: **Und die vorangingen, herrschten ihn an, er solle schweigen.**

Die Jünger sahen nicht, obwohl sie sahen! Jesus aber hörte den Ruf des Blinden: **Sohn Davids, erbarme dich meiner!** Er hört wie der Blinde ihn und seine Mission erkennt, obwohl er nicht sieht.

Jesus fragt den Blinden: Was soll ich für dich tun?

Obwohl es eigentlich auf der Hand lag, was der Blinde von Jesus wünschte, fragte er ihn: **Was soll ich für dich tun?** Der Blinde soll selber sagen, was er will. Schliesslich hat er soeben bewiesen, dass er als Nichtsehender mehr sehen kann als die Sehenden.

Ausserdem ist auch die Gewohnheit einer Behinderung nicht zu unterschätzen. Ich spürte dies im Studienurlaub, als ich an einem Bibliodrama teilnahm. Da versetzten wir uns in diese kranken Menschen, die auf Heilung warteten. Und was erlebten wir?

Wir merkten, dass es gar nicht so einfach war sich heilen zu lassen. Schliesslich hatten wir uns an unsere Behinderung gewohnt. So wurde der Blinde doch täglich von seinen Angehörigen an die bestimmte Strassenecke gebracht, wo er betteln, aber auch am Tagesgeschehen teilnehmen konnte. Dadurch war er jemand. Man wusste, wo er zu finden war. Wenn er nun sehend würde, gäbe er seinen festen Platz auf. Sein Leben würde völlig verändert. Er müsste sich verändern. Trotzdem sagte er zu Jesus:

Er sagte: Herr, dass ich wieder sehen kann! Und Jesus sprach zu ihm: Werde wieder sehend! Dein Glaube hat dich gerettet.

Jesus nimmt den Wunsch des Blinden fast beiläufig auf. Denn gleichzeitig mit dem Heilungswort **Werde wieder sehend!** sagt er: **Dein Glaube hat dich gerettet.** Wichtiger als die Gesundheit ist für Jesus der Glaube, welcher zum Heil verhilft. Der Glaube, der zum erleuchteten Sehen verhilft. Der Glaube, der mehr als die Materie, das Sicht- und Messbare sieht.

Max Thürkauf war Professor für physikalische Chemie an der Universität Basel. Er drückte das Sehen des Glaubens mit dem Herzen am Ende meiner Studienzeit 1982 folgendermassen aus:

„Obwohl die Gestalt des Menschen sich ändert, bleibt er ein und derselbe. Auch die Änderung seiner geistigen und seelischen Dimensionen geschieht im Verlauf seines Lebens unter Erhaltung der Identität. Aber die Gestalt des Menschen ändert sich nicht nur zwischen seiner Geburt und seinem Tod, sondern auch zwischen seiner Empfängnis und seiner Geburt. Wenn wir einem Menschen sechs Monate vor seiner Geburt begegnen, so erkennen wir ihn nicht an seiner Gestalt, obwohl er ein Mensch ist. Wenn wir von seiner Geburt an in der Zeit rückwärts gehen, begleiten wir immer einen Menschen. Und zwar bis hin zu dem Geheimnis des Geschehens, wo er im Schoss seiner Mutter empfangen wird. Daran ändert die Tatsache nichts, dass wir uns wegen der räumlichen Enge der bloss ein Zehntelmillimeter grossen Zygote (befruchteten Zelle) die geistige Gegenwart des Menschen nicht vorstellen können. Geist und Materie sind unvergleichbare Grössen. Das äussert sich auch im Umgekehrten: So wie der Geist in der materiellen Enge des befruchteten Eies existiert, erfüllt er auch die unvorstellbaren Weiten des Weltalls. Der Geist befindet sich eben nicht in der Welt, sondern die Welt im Geist. Mit einer ausschliesslichen physikalisch-chemischen Denkweise ist dieses Mysterium nicht zu erfassen. Es ist die Pflicht jener, welchen die Gnade des Schauens der über Raum und Zeit stehenden Weltwirklichkeit gewährt wird, die Materialisten nicht zu verurteilen. Manchmal ist solche Nächstenliebe schwer. Friedrich Schiller schilt die (damals schon!) materialistischen Astronomen:

‚Schwatzet mir nicht so viel von Nebelflecken und Sonnen!
Ist die Natur nur gross, weil sie zu zählen euch gibt?
Euer Gegenstand ist der erhabenste freilich im Raume;
Aber, Freunde, im Raum wohnt das Erhabene nicht'.

Wie werden wir erschrecken, wenn wir erkennen, was wir getan haben, als wir den im Mutterleib werdenden Menschen nur als ein Stücklein Materie betrachteten, in welchem sich ausschliesslich die physikalisch-chemischen Prozesse abspielen, die in einer lebenden Zelle messbar sind. Wenn wir sehen werden, dass wir bloss gewusst haben, *wie* wir tun, aber nicht, *was* wir tun. Wer wird uns verzeihen? Nach einer Tat, bei der die Täter gewusst haben, *wie* sie tun, sprach Christus am Kreuz: ‚Vater, vergib ihnen, denn sie wissen nicht, *was* sie tun.' Einige Monde vorher, als Selbstgerechte eine Ehebrecherin steinigen wollten, sagte Er: ‚Wer unter euch ohne Sünde ist, der werfe den ersten Stein auf sie'. – Da sie aber das hörten, gingen sie, einer nach dem anderen."

Und augenblicklich sah er wieder, und er folgte ihm nach und pries Gott. Und das ganze Volk sah es und lobte Gott.

Wo gesehen wird aus der Gnade Gottes, da wird Christus gepriesen. Und nicht zuletzt wird Christus in Barmherzigkeit beurteilen, was wir sehen.

Willst du sehen? Willst du wie Jesus sehen? Willst du gerettet werden?

Ja, ich will. Ich glaube, hilf meinem Unglauben.

Amen

Trost unter dem Ginster, Okuli

Predigt zu 1. König 19, 1 – 13, Lesung: Lukas 9, 57 - 62

Unsere zweite, Neue Kirche, in der wir jetzt versammelt sind, steht an der Ginsterstrasse. Im heutigen Predigttext kommt der Ginsterstrauch zur Ehre, nach dem unsere Strasse benannt ist. Der Ginster beziehungsweise Ginsterstrauch wird sonst nur noch in Hiob 30, 4 und Psalm 120, 4 erwähnt.

Das hebräische Wort meint den weissen Ginster, der gerne auf sandigem Boden wächst, in Gebieten, wo Wasser Mangelware ist. Gewissermassen in der Wüste, Steppe. Die Besonderheit dieser Pflanze ist es, dass sie sehr lange Wurzeln schlägt. Wenn alles scheinbar ausgetrocknet ist, findet sie mit ihren langen Wurzeln noch immer Wasser. So überlebt sie, auch wenn monate-, sogar jahrelang kein Regen fällt. Ihre langen Wurzeln werden von den Wüstenbewohnern als gutes Brennmaterial geschätzt. Wenn es ums Überleben geht, werden sie auch gegessen.

Die Erwähnung des Ginsters sagt uns somit zweierlei:

a) Die Wüste ist nicht tot, sondern gibt in Form des Ginsters Überlebenshilfe.
b) Unsere Kirche an der Ginsterstrasse ist nicht nur für gute Zeiten da, sondern auch für trockene, schwierige Zeiten.

Elia aber ging in die Wüste, eine Tagereise weit, und als er hingekommen, setzte er sich unter einen Ginsterstrauch. Da wünschte er sich den Tod und sprach: Es ist genug! So nimm nun, Herr, mein Leben hin, denn ich bin nicht besser als meine Väter. Dann legte er sich unter dem Ginsterstrauche schlafen.

Elia, der Gottesmann ist müde geworden. Er schläft unter dem Ginsterstrauch ein. Ein verheissungsvolles Bild, angesichts dieser grossen Müdigkeit Elias. Nicht nur von der Tageswanderung herrührend, sondern auch von seinem Leben. Er bittet daher Gott, dass er ihn sterben lassen möge.

Welches ist der Grund für seine suizidalen Gedanken? Dem Text gemäss ist es die Todesdrohung von der Königin, der Frau Ahabs: Isebel.

Da sandte Isebel einen Boten an Elia und liess ihm sagen: Bist du Elia, so bin ich Isebel! Die Götter sollen mir dies und das antun, wenn ich nicht morgen um diese Zeit dir tue, wie du ihnen getan hast!

Schon wieder hat er als Prophet keinen festen Platz am Königshof, obwohl er nur getan hat, was Gott von ihm wollte. Wieder muss er gerade deshalb um sein Leben bangen. Es ist wirklich zum Davonlaufen. Dabei hatte er doch vor dem ganzen Volk einen so grossen Erfolg. Es gelang ihm die Israeliten wieder für den Glauben an den lebendigen Gott Jahwe zurückzugewinnen. Er hatte gewissermassen eine Wette auf Geheiss Gottes veranstaltet: Derjenige Gott erweist sich als der Lebendige und Allmächtige, der einen Holzstoss mit einem Brandopfer ohne menschliche Hilfe entfacht. Zuerst beteten die 450 Baalspriester und kasteiten sich dabei selbst, um Feuer für ihren Holzstoss und den darauf gelegten, geschlachteten Opferstier zu erhalten. Vom Morgen bis gegen Abend, erfolglos. Nun übernahm Elia. Er stellte den Altar für den lebendigen Gott wieder her, errichtete ebenfalls einen Holzstoss und legte ebenfalls einen geschlachteten Opferstier darauf. Aber nicht genug, zur Demonstration von Gottes Kraft begoss er das Ganze noch dreimal mit Wasser so fest, dass sich damit auch noch ein ausgehobener Graben mit Wasser füllte. Dann betete er einfach und schlicht mit den folgenden Worten: „O Herr, Gott Abrahams, Isaaks und Israels, lass heute kund werden, dass du Gott bist in Israel und ich dein Knecht und dass ich auf dein Geheiss dies alles getan habe. Erhöre mich, o Herr, erhöre mich! Damit dieses Volk erkenne, dass du, o Herr, Gott bist und dass du ihr Herz umgewendet hast“. (1. König 18, 36b)

Sogleich fiel das Feuer Gottes über das Opfer und den Holzstoss herab. Eine gewaltige, eindrückliche Show vor dem ganzen Volke. Sogar das Wasser brannte. In der Folge dieses Ereignisses wurde das Volk von Begeisterung für Gott erfasst und rief: **Der Herr ist Gott!** Aber es blieb nicht nur bei der riesigen Begeisterung für Gott. Elia wollte mit den falschen Gottverehrern, den Baalspriestern, gleich ganz aufräumen. Mit Hilfe des Volkes brachte er sie um, damit sie das Volk nicht mehr zum falschen Glauben verführen konnten.

Eine schreckliche Tat, welche von Gott auch nicht verordnet worden war. Schliesslich hatte er mit dem Brandwunder die Baalspriester bereits der Lächerlichkeit preisgegeben und sie unglaubwürdig gemacht.

Elia selbst hatte aber kein Problem mit der Massenexekution. Er empfand sie nur als gerechten Ausgleich für die Morde, welche an den Propheten Gottes durch die Königin Isebel geschehen waren.

Was Elia offensichtlich verzweifeln lässt ist, dass selbst das grosse Wunder und die Eliminierung der Baalspriester nicht genügten, den wahren Glauben in Israel wieder herzustellen. Ja, dass auch der Königshof ihn nicht als echten Propheten anerkannte.

Das Gegenteil war der Fall. Königin Isebel trachtet ihm weiterhin nach dem Leben und lässt sich nicht vom Glauben an die Naturgottheit Baal abbringen.

Jetzt hat Elia genug davon, immer der Sieger zu sein ohne Anerkennung durch die Mächtigen. Er will sterben.

Aber so einfach ist das nicht, schliesslich liegt er unterm Ginsterstrauch. Da gibt es Trost: **Auf einmal aber berührte ihn ein Engel und sprach zu ihm: Steh auf und iss! Als er sich umschaute, siehe, da fand sich zu seinem Haupt ein geröstetes Brot nebst einem Krug mit Wasser. Da ass er und trank und legte sich wieder schlafen. Und der Engel des Herrn kam zum zweiten Mal, berührte ihn und sprach: Steh auf und iss! Sonst ist der Weg für dich zu weit. Da stand er auf, ass und trank und wanderte dann kraft dieser Speise vierzig Tage und vierzig Nächte bis an den Gottesberg Horeb.**

Der Schlaf tut Elia gut. Noch besser tut ihm aber, dass ihn jemand weckt. Ein Engel Gottes. Das kann auch ein Nomade sein. Wichtig ist, es ist jemand gekommen, dem er mit seinen suizidalen Gedanken nicht gleichgültig war. Noch mehr: Dieser Jemand legt ihm ein knuspriges Brot und einen Krug Wasser hin. Er befiehlt Elia aufzustehen, zu essen und zu trinken. Elia tut es und legt sich anschliessend wieder schlafen. Manchmal braucht es nicht mehr, um einem schwer depressiven Menschen nahe zu sein. Oder wie manchmal hat es nicht schon genutzt, dass eine Mutter zu ihrem Kind sagte, „komm iss und trink mal was“? Die Fixierung auf ein Thema oder

Gefühl lässt sich so heilsam unterbrechen.

Nachdem Elia wieder eine Zeit lang geschlafen hat, kommt der Engel Gottes erneut. Er weckt ihn wieder und gibt ihm wieder zu essen und zu trinken. Nun aber hat er zusätzlich noch eine Begründung bereit: **Sonst ist der Weg für dich zu weit.** Der Engel beziehungsweise der Jemand gibt Elia gleichzeitig mit der Begründung eine Aufgabe. So gestärkt, durch die Zuwendung, Essen, Trinken und einen klar erfüllbaren Auftrag, zieht Elia los zum Gottesberg, wo Mose die zehn Gebote erhalten hatte, dem Horeb, auch Sinai genannt. 40 Tage und Nächte ist er unterwegs in der Wüste. Da passiert allerlei. Als er am Horeb angekommen ist, verkriecht er sich in eine Höhle. Unterm Ginster hatte er neue Kraft zum Überleben erhalten. Nun braucht er zur ganzen Wiederherstellung auch noch die innere Heilung. Gott fragt ihn, warum er weg von seiner Heimat, im Ausland, in der Wüste sei. Elia schreit als Antwort seine Sicht heraus. Da offenbart sich Gott Elia auf ungewöhnliche Weise. Er lässt einen Sturm aufkommen und sagt ihm, dass er nicht darin sei. Anschliessend lässt Gott ein Erdbeben aufkommen und Feuer. Jedes Mal sagt er, dass er nicht darin sei. Schlussendlich lässt Gott **das Flüstern eines leisen Wehens** aufkommen. Diese feine, fast nicht bemerkbare Offenbarung lässt nun Elia endgültig aus seiner Höhle hervorkriechen. Dabei verhüllte er sein Gesicht mit dem Mantel. Ich denke, dass hier, in diesem Moment eine tiefe Gottes- und Selbsterkenntnis durch Elia hindurch ging. Sein eigenes Wort, das er lebensmüde beim Ginsterstrauch gesagt hatte: **Ich bin nicht besser als meine Väter**. Ja, er darf sein, der er ist und werden, der er noch nicht ist. Er darf Ja sagen zu seiner Verletzlichkeit, zur Möglichkeit seines eigenen Todes durch fremde Gewalt oder auf natürliche Weise. Obwohl er der mächtige Prophet Gottes ist, ist er gleichzeitig der Schwache, der nicht eigenmächtig handeln soll. Nun steht er wieder auf freiem Raum und erhält von Gott einen neuen Auftrag. So wurde er wieder lebendig.

Weiter wird berichtet, dass Elia den Tod nie mehr sah, weil er von Gott mit einem Feuerwagen direkt in den Himmel aufgenommen wurde.

Amen

Deshalb bin ich in diese Stunde gekommen! Lätare

Johannes 12, 20 – 27, Lesung: Psalm 84, 2 – 13

Aber darum bin ich in diese Stunde gekommen. So begründet Jesus seine kurze Ansprache. Warum? Darum, dass er nicht sein eigenes Leben mehr liebe, als jenes der Mitmenschen. Darum, weil sein Leben eine einmalige Bedeutung für die ganze Welt und alle Generationen hat.

Das gilt nicht nur für Jesus, das gilt auch für alle, die ihm nachfolgen, die sich in seinen Dienst nehmen lassen. Das ist die positive Botschaft seines Wortes auch für dich und mich: **Wer sein Leben liebt, der verliert es; und wer sein Leben in dieser Welt hasst, wird es bewahren ins ewige Leben.**

Störend dabei ist, dass man gar sein eigenes Leben „hassen" soll. Dieses Wort strich ich mir bereits als Konfirmand an. Es war mir nicht verständlich. Wie soll ich mein Leben hassen, wenn es doch Gott mir selbst geschenkt hat? Wenn wir diesem Wort nachgehen, sagen uns die Sprachkundigen, sollen wir darauf achten, dass es nicht emotional verstanden werde. So liesse sich der Satz sinngemäss auch anders sagen, nämlich: Wer sein Leben in dieser Welt nicht zu wichtig nimmt, wird es bewahren ins ewige Leben. Wer bereit ist zuerst auf Jesus zu sehen, wird sein Leben nicht nur heute bewahren, sondern auch in Ewigkeit.

Ich denke da an eine Frau. Sie sagt, dass sie Angst vor dem Tod habe. Sie hat so sehr Angst vor dem Tod, dass sie bei kleinsten Veränderungen an ihrem Körper befürchtet – und sei es beispielsweise nur eine kleine Rötung – an tödlichem Krebs erkrankt zu sein. Sie macht im Extrem deutlich wie wichtig es ist, einfach die Möglichkeit des eigenen Todes zu akzeptieren, ohne panisch nach Indizien zu suchen. **...darum bin ich in diese Stunde gekommen.** Niemand mehr als Jesus selbst weiss um dieses Geheimnis von verlieren und gewinnen Bescheid. **Wer sein Leben liebt, der verliert es...** Was wir krampfhaft festhalten wollen, verlieren wir erst recht. Eindrücklich dazu ist mir von einem Dokumentarfilm in Erinnerung, wie die Ureinwohner in Sumatra Affen fangen. Mit einer Wand aus Holzstämmen schützen sie ihre

Kokosnüsse. Die Abstände zwischen den Holzstämmen machen sie gerade so gross, dass man mit der ausgestreckten Hand zwischendurch langen kann. Nun kommen die Affen, sehen die Kokosnüsse, und wollen sie holen. Sie langen hinein und packen eine Kokosnuss, um sie herauszuziehen. Aber weil der Zwischenraum nur für die flache Hand gross genug ist, können sie die Kokosnuss nicht herausnehmen. Weil es aber Affen sind, wollen sie ihre Kokosnuss nicht mehr verlieren. Sie lassen einfach nicht mehr los, weil sie nicht begreifen, dass nur die flache, leere Hand wieder herausfindet. Dazu machen sie natürlich auch noch ein grosses Geschrei. Das alarmiert die Ureinwohner, die nun Zeit haben, in aller Ruhe die Affen einzufangen.

Wie aber gelingt es mir als Mensch, nicht so töricht wie ein Affe zu sein? Jesus gibt dazu eine Dienstanweisung:

Wenn jemand mir dienen will, so folge er mir nach; und wo ich bin, da wird auch mein Diener sein. Wenn jemand mir dient, wird der Vater ihn ehren. Jesus dienen, anders ausgedrückt, sich von Jesus beauftragen lassen, heisst ihm nachfolgen, den gleichen Weg gehen wie er. Wenn ich mich auf ihn einlasse, laufe ich bestimmt nicht Gefahr nicht loslassen zu können. Nachfolge bedeutet immer bereit zu sein, auch das zu verlieren, was ich besitze, was ich mein Eigen nenne, sogar Ja zu sagen zum Verlieren mir lieb gewordener Menschen und letztlich auch meines eigenen Lebens. – Das darf selbstverständlich nie unter Gewaltanwendung gegen das eigene oder jenes anderer Leben geschehen. – Ein Beispiel dazu ist das Leben des Urwalddoktors Albert Schweitzer. Ihm wurde dieses Wort zum Lebensauftrag. Dazu berichtete er: „An einem strahlenden Sommermorgen, als ich – es war im Jahre 1886 – in Pfingstferien zu Günsbach erwachte, überfiel mich der Gedanke, dass ich dieses Glück nicht als etwas Selbstverständliches hinnehmen dürfe, sondern etwas dafür geben müsse. Indem ich mich mit ihm auseinandersetzte, wurde ich, bevor ich aufstand, in ruhigem Überlegen, während draussen die Vögel sangen, mit mir selber darin eins, dass ich mich bis zu meinem dreissigsten Lebensjahr für berechtigt halten wollte, der Wissenschaft und der Kunst zu leben, um mich von da an einem unmittelbaren menschlichen Dienen zu weihen. Gar viel hatte mich beschäftigt, welche Bedeutung dem Worte Jesu, ,**Wer sein Leben behalten will, der wird es verlieren, und wer sein Leben verliert um meinet- und des Evangeliums willen, der wird es behalten**', für mich zukomme. Jetzt war sie gefunden. Zu dem äusseren Glücke besass ich nun das innerliche."

Jesus sehen, heisst ihm nachfolgen und sich nach ihm orientieren, ihm dienen, heisst der eigenen Lebensentscheidung nicht ausweichen. Für die Griechen, die Jesus sehen wollen, war es zwar zu spät in den Kreis der Jünger aufgenommen zu werden. Denn die letzte Stunde von Jesus war genaht. Sie und ich können ihm trotzdem nachfolgen, wenn wir unser Ja zu seinem Weg mit uns geben.

Es waren aber einige Griechen unter denen, die hinaufzogen, um bei dem Fest anzubeten. Die kamen nun zu Philippus, der aus Betsaida in Galiläa war, und baten ihn: Herr, wir wollen Jesus sehen. Philippus geht und sagt es Andreas; Andreas und Philippus gehen und sagen es Jesus. Jesus aber antwortet ihnen: Die Stunde ist gekommen, dass der Menschensohn verherrlicht werde. Amen, amen, ich sage euch: Wenn das Weizenkorn nicht in die Erde fällt und stirbt, bleibt es allein; wenn es aber stirbt, bringt es viel Frucht.

Bevor die Griechen das Wort von Jesus vernehmen können, erzählt uns das Evangelium noch ein typisch menschliches Detail. Obwohl die Jünger alles verlassen hatten, um Jesus nachzufolgen, hatten sie untereinander ihre speziellen Positionen, um die sie auch stritten, wie wir von andern Bibelstellen wissen. Das muss der Grund sein, warum Philippus die Griechen nicht direkt zu Jesus führt, sondern zuerst zu Andreas und erst dann gemeinsam zu Jesus. Auch ihnen, seinen Jüngern, richtet Jesus sein Wort aus, nicht nur den Griechen. Sein Wort meint eben auch das Ansehen, die hierarchische Stellung. Die Bereitschaft zu verlieren, um zu gewinnen schliesst keinen Bereich des Eigenen aus.

Auch wenn ich kein Albert Schweitzer bin, so gibt es sicherlich in unserm Leben diese Momente des Ringens, in denen ich sehe, was Jesus Christus von mir will. Mögen wir auch in jener Stunde den Mut finden, danach zu handeln.

Amen

Das fremde Gottesbild, Karfreitag

Jesaja 52, 13 – 53, 12, Lesung: Johannes 19, 16 – 30

„Von Gottes Hoheit – ist nichts mehr zu spüren.
Von Gottes Allmacht – ist nichts mehr zu sehen.
Von Gottes Herrschaft – ist nichts mehr zu erahnen.
Ein ohnmächtiger Gott, verletzt und gebrochen.
Ein Gottesbild, zerschlagen". *(Autor unbekannt)*

Jesus selbst kannte den prophetischen Jesaja-Text, der bereits rund 500 Jahre vor ihm aufgeschrieben wurde:

Verachtet war er und von Menschen verlassen, ein Mann der Schmerzen und mit Krankheit vertraut und wie einer, vor dem man das Gesicht verhüllt, ein Verachteter, und wir haben ihn nicht geachtet.

Doch unsere Krankheiten, er hat sie getragen, und unsere Schmerzen hat er auf sich genommen. Wir aber hielten ihn für einen Gezeichneten, für einen von Gott Geschlagenen und Gedemütigten.

Jesus, der zu Unrecht zu Folter und Tod Verurteilte, erfüllte diese Prophezeiung der Entstellung seiner selbst. Und man fragt sich:

Muss der Sohn Gottes für die Menschen wirklich durch diesen Abgrund, diese Hölle gehen und die äusserste Gottverlassenheit durchleben? Einen grausamen Tod sterben, am Kreuz, der Menschengewalt und –verachtung, dem Spott der Gaffenden und Machtausübenden preisgegeben. – Gottes Sohn begibt sich in diesem Tod in die Gottverlassenheit, ja Gottlosigkeit. Die Zumutung dieses Gedankens – das ist Karfreitag.

Kreuzigungen waren in jener Zeit nichts Besonderes. So ging die römische Besatzungsmacht mit Oppositionellen, antirömisch Eingestellten um. Durch tausende von öffentlichen Kreuzigungen wollte man die Bevölkerung davon abschrecken, sich an Aufständen zu beteiligen. Wer heimlich die Leichname abnahm und sie beerdigte, riskierte sein eigenes Leben. Die römischen Geschichtsschreiber Tacitus und

Josephus berichten von solchen Ereignissen. Ausserdem wurde bei solchen Hinrichtungen streng darauf geachtet, wer sich unter den Zuschauenden durch Anzeichen der Trauer als Sympathisant verriet. Ein banaler Tod dieses Kreuz. Wie einer von Tausenden.

Und doch nicht einer von Tausenden: Mit dieser zum Spott gewordenen Gestalt des Gottes Sohnes verband sich alle Hoffnung auf Veränderung, auf Gottes Eingreifen, auf sein Durchsetzen von Recht und Gerechtigkeit.

Aber jetzt, warum hilft er sich nicht selbst und steigt einfach vom Kreuz herunter? Dann könnten alle glauben, dass Jesus Gottes Sohn sei. – Gottessohnschaft und Machtlosigkeit verträgt sich in der menschlichen Vorstellung kaum.

Und wer ist Schuld an diesem Drama, dass da einer zu Unrecht gekreuzigt wird? Waren es die Hohepriester? Die Tempel-Gelehrten? Der Hohe Rat? Die Römer? Pilatus? Das zuschauende Volk? Ja, alle sind ein wenig beteiligt und fühlen sich deshalb unschuldig wie Pilatus, der seine Hände in Unschuld wusch. Aber auch das Wenige ist das Gegenteil von Unschuld. Alle gehörten und gehören dazu, die Juden wie die Römer und damit auch wir. Denn die Römer repräsentieren die Nichtjüdische Welt. Apostel Paulus drückte diesen Tatbestand treffend mit folgendem Wort an die Römer aus: „Denn da ist kein Unterschied: Alle haben ja gesündigt und die Herrlichkeit Gottes verspielt. Gerecht gemacht werden sie ohne Verdienst aus seiner Gnade durch die Erlösung, die in Christus Jesus ist." (Römer 3, 23)

Jesus benennt in seinem Schrei der Verlassenheit die eigentliche Macht: Nicht Menschen haben Schuld – Gott hat Schuld, weil er ihn verlassen hat. Dieser Schrei, „mein Gott, warum hast du mich verlassen?" (Markus 15, 34) führt den Tod am Kreuz über das stumme oder wütende Entsetzen hinaus, was Menschen Menschen antun können. Jesus benennt es so: Gott selbst lässt es so weit kommen! Den Menschen gegenüber sagte er: „Vater, vergib ihnen, denn sie wissen nicht was sie tun!" (Lukas 23, 34)

Der Gerechte, der ohne Schuld war, der Knecht Gottes, der Gott aufrichtig dient, dieser stirbt den Tod in der Gottverlassenheit. Darin spiegelt sich und bündelt sich alles unschuldige Leiden und Sterben dieser Welt.

Menschen tun Menschen Leid an. Menschen erfahren Leid, das keinen Zusammenhang und keinen Hintergrund hat. Wie dieser am Kreuz Entstellte. Denken wir nur an all jene, die unschuldig Opfer eines willkürlichen Attentats werden oder infolge von Intrigen aus Eifersucht Rufmord erleiden.

Wer ist aber Schuld an ihrem schuldlosen Leid? Gott selbst? Ist Gott schuldig?

In der rabbinischen Auslegung wird dazu erzählt: „Die gelehrtesten Schriftkundigen und Rabbinen kamen zusammen, um Gott vor Gericht zu stellen. In einem Tribunal wurde all das aufgezählt, was Menschen an unermesslichem Leid erfuhren, an Ungerechtigkeit und Verlassenheit. Die Anklagen gegen Gott häuften sich und wogen schwer. Eine um die andere kam dazu. Sie sassen zu Gericht die ganze Nacht. In Anklage und Verteidigung hörten sie, wogen sie ab, und schliesslich näherten sie sich dem Richtspruch. Alles deutete darauf hin: Gott war nicht von der Anklage frei zu sprechen. Schliesslich dämmerte der Morgen. Da erhob sich der, der die Anklage führte und sagte: ‚Es ist Zeit für das Morgengebet!'"

Die Kläger halten an Gott fest. Sie beten. Die Geschichte der Passion von Jesus ist eine einzige Anklage Gottes, eine einzige Klage der Gottverlassenheit – und zugleich ein einziges Festhalten an der Treue, die Gott nicht entlässt, auch nicht in dieser Erfahrung.

Für die christliche Gemeinde bedeutet dieses Festhalten an Gott: Stellvertretend geht Jesus für uns den Weg durch diese Gottesferne und Gottverlassenheit. Gott selbst lässt es im Leiden und Sterben von Jesus so weit kommen, damit wir diese Erfahrung nicht mehr machen müssen: Dass Gott sich selbst verlässt. Gott gibt sich selbst hin in die Gottverlassenheit, damit wir nicht bodenlos in sie fallen müssen, sondern auch dann, wenn wir sie erfahren, von Gott gehalten sind. Dass wir wissen:

Wir können nicht tiefer fallen als in Gottes Hand.

In den Leiderfahrungen und sinnlosen Krankheiten wussten die, die sich zu Gott hielten: Es ist nicht eigenes Vergehen, nicht ein Krampfhaftes „irgendwo macht das alles einen Sinn". Ihr Aufschrei und ihre Klage sind recht, und die falschen Tröster sind ins Unrecht versetzt wie die Freunde bei Hiob. Denn wie der Gottes Knecht, der Gott dient und ihm allein gehorcht, leidet, gibt es unerklärliches Leid, das keinen Zusammenhang mit Schuld hat.

Es gibt unverdientes, schuldloses Leid – Gott selbst steht dafür ein. Wir sind frei gesprochen davon, Unerklärliches zu erklären, Schuld zu suchen, wo keine ist. Wir sind freigesprochen davon, uns drein zu fügen, wo wir Leid und Krankheit erfahren. Wir sind ins Recht gesetzt zu klagen und Widerstand zu leisten. Und wir können und dürfen Trost finden beim Gottesknecht Jesus, der Gott aufrichtig dient – uns zu Gut. Ja uns, Ihnen und mir zu Gute. Aber auch unsern Unterlassungen und Lieblosigkeiten zu Gute und auch da, wo wir tatsächlich schuldig geworden sind, sind wir eingeladen unsere Schuld Jesus Christus zu bekennen und seine Vergebung und Liebe dankbar anzunehmen.

Amen

Der Ostermorgen geht weiter, Ostersonntag

Predigt zu 1.Korinther 15, 16 – 28

Im Bauch einer schwangeren Frau sind Drillinge. Sie unterhalten sich darüber, ob es ein Leben nach der Geburt gibt:

„G.: Ja, klar, das gibt es. Unser Leben hier ist nur dazu gedacht, dass wir wachsen und uns auf das Leben nach der Geburt vorbereiten, damit wir dann stark genug sind für das, was uns erwartet.

S.: Blödsinn, das gibt's doch nicht. Wie soll denn das überhaupt aussehen, ein Leben nach der Geburt?

G.: Das weiss ich auch nicht so genau. Aber es wird sicher viel heller als hier sein. Und vielleicht werden wir herumlaufen und mit dem Mund essen.

S.: So ein Quatsch! Herumlaufen, das geht doch gar nicht. Und mit dem Mund essen, so eine komische Idee. Es gibt doch die Nabelschnur, die uns ernährt. Ausserdem geht das gar nicht, dass es ein Leben nach der Geburt gibt, weil die Nabelschnur schon jetzt viel zu kurz ist.

G.: Doch, es geht bestimmt. Es wird eben alles nur ein bisschen anders.

S.: Es ist noch nie einer nach der Geburt zurückgekommen. Mit der Geburt ist das Leben zu Ende. Und das Leben ist einfach dunkel.

G.: Auch wenn ich nicht so genau weiss, wie das Leben nach der Geburt aussieht, jedenfalls werden wir dann unsere Mutter sehen und sie wird für uns sorgen.

S.: Mutter?!? Du glaubst an eine Mutter? Wo ist sie denn bitte?

G.: Na hier, überall um uns herum. Wir sind und leben in ihr und durch sie. Ohne sie könnten wir gar nicht sein.

S.: Quatsch! Von einer Mutter habe ich ja noch nie was gemerkt, also gibt es sie auch nicht.

G.: Manchmal, wenn wir ganz still sind, kannst du sie singen hören. Oder spüren, wenn sie unsere Welt streichelt.

Z.: Und wenn es also ein Leben nach der Geburt gibt, wird der kleine Skeptiker dann bestraft, weil er nicht daran geglaubt hat?

G.: Das weiss ich nicht. Aber vielleicht bekommt er einen Klaps auf den Po, damit er die Augen aufmacht und sein Leben beginnt.“

(Autor unbekannt, aus einem österreichischen Pfarrbrief)

Ich habe diesen Dialog an der Osterfeier im Behindertenwerk St. Jakob erzählt. Beim anschliessenden gemeinsamen Essen fragte mich eine jüngere Frau, die kürzlich ihre Eltern durch den Tod verloren hat: „Aber gelt, wenn ich gestorben bin sehe ich bestimmt wieder meine Eltern irgendwie? die kommen mir dann entgegen!"
Genau, irgendwie. Ich stelle mir das so vor, wie wenn sich zwei Frauen im Altersheim begegnen. Sie sind sich auf den ersten Blick völlig fremd. Als sie am selben Tisch zu Mittag essen, erzählt die eine, dass sie als Kind ins Triemlischulhaus gegangen sei. Da wird die andere hellhörig und sagt: „Ja, ich auch, in welchen Jahren war das?" Die andere sagt: „Das war vor 80 Jahren", überlegt und sagt: „Dann bist Du das Vreneli!?" Die Antwort folgt unmittelbar: „Genau und du bist die Anna!" Es ist irgendetwas, das einen erkennen lässt. Was genau, können wir im Voraus nicht wissen.
Warum? Auch die Lieben von Jesus erkennen ihn als den Auferstandenen in den acht Begegnungsgeschichten in den vier Evangelien nicht auf Anhieb. Erst durch das Sprechen oder eine Geste wie das Brechen des Brotes bei den beiden Emmaus-Jüngern oder das Zeigen seiner Wunden, gehen ihnen die Augen auf und sie erkennen Jesus als den Auferstandenen.
So wird es uns wahrscheinlich auch einst im Himmel ergehen. Im Himmel sein, heisst aber auch, dass wir dann das Gericht hinter uns haben. Der Himmel ist nicht einfach die Verlängerung des irdischen Zustandes, sondern Neuschöpfung in Christus.
Da lassen wir durch das Gericht gereinigt das zurück, was ungerecht, böse, lieblos an uns war, aber auch Krankheit und Tod. Wäre dem nicht so, wäre der Himmel gleich nicht mehr der Himmel, neue Ungerechtigkeit würde den Frieden stören, wenn nur ein einziger Mensch den alten Menschen mitnehmen könnte. Gott wäre so nicht **alles in allem**.
Darum können wir nicht sagen, an was oder wie wir uns im Himmel erkennen werden.

In Christus sind wir schon gerichtet, ist der alte Mensch, der alte Adam schon gestorben. In IHM lebt bereits der neue Adam in der Vorahnung der neuen Schöpfung. Das bezeugen wir mit jeder Taufe aufs Neue. Da kommt uns Christus als der Auferstandene ganz nahe.

Der Weg vom Auferstehungsmorgen in Jerusalem zu uns nach Albisrieden ist nicht nur der Weg vom Erleben zum Nachdenken, sondern auch dein und mein Weg.

Dieser Lebensweg begann einmal in deinem Jerusalem und damit im unmittelbaren, im sinnlichen Erleben.

Die Zeit der Kindheit war die Zeit des unmittelbaren Erlebens, die Zeit reiner, auch durchaus spiritueller Sinnlichkeit. Was hast du als Kind nicht alles erhofft, geglaubt, erwartet, geliebt, gespürt, unmittelbar, von Augenblick zu Augenblick?

Die Wunder lagen offen vor deinen Augen. Ein Tag war noch ein ganzes Leben, der Schlaf zur Nacht war Ausdruck letzter Geborgenheit. Der Gottessohn seinen selbstverständlichen Platz in deiner Welt. Oder in der vom Nachbarzimmer. Oder in der von der Kirche im Dorf oder im Stadtquartier. Du musstest nur eine Tür öffnen, schon konntest du neue Welten mit allen Sinnen entdecken. Der Himmel über dir war ein gestalteter Raum, zu dem die Tür immer offen stand. Wenn du an der Hand der Grossmutter zum Giessen des Grabes des Grossvaters auf den Friedhof spaziert bist, wolltest du an den Gräbern singen und tanzen. Sie lächelte und liess dich gewähren wie einen Himmelsboten, einen Engel. Der Morgen auf dem Friedhof roch immer so gut nach nassem Stein und frischem Gras.

Als du deinen ersten Vogel im Garten beerdigt hast, hast du dem toten Tier in deiner Hand unentwegt gut zugeredet.

All das unmittelbare Erleben der Kindheit liess gar keinen anderen Schluss zu als unmittelbarstes Ostererleben und die Gewissheit: das Leben bleibt. Da gibt es keinen Abbruch. Die Türen stehen immer offen. Das Leben sucht sich seinen Weg. Du bist ein Teil davon. Du wirst immer leben. Dein Weg begann in Jerusalem am ersten Ostermorgen. Dann bist du losgegangen. In Richtung Zürich-Albisrieden.

Mit jedem weiteren Schritt auf dem Weg wurde Jerusalem klein und kleiner und du wurdest gross und grösser.

Lassen Sie sich die Erinnerung an Ihr Jerusalem nicht nehmen.

Lassen Sie sich nicht abhalten, Ihren Auferstehungsglauben in Ihren Herzen und Gedanken zuzulassen oder zu erneuern. Der Ostermorgen geht weiter:

Christus ist auferstanden!

Amen

Glaubensbekenntnis von Dietrich Bonhoeffer (1906 - 9.4.45, 1942/43)

Ich glaube,
dass Gott aus allem, auch aus dem Bösesten, Gutes entstehen lassen kann und will. Dafür braucht er Menschen, die sich alle Dinge zum Besten dienen lassen.

Ich glaube,
dass Gott uns in jeder Notlage soviel Widerstandskraft geben will, wie wir brauchen. Aber er gibt sie nicht im Voraus, damit wir uns nicht auf uns selbst, sondern allein auf ihn verlassen. In solchem Glauben müsste alle Angst vor der Zukunft überwunden sein.

Ich glaube,
dass auch unsere Fehler und Irrtümer nicht vergeblich sind, und dass es Gott nicht schwerer ist, mit ihnen fertig zu werden, als mit unseren vermeintlichen Guttaten.

Ich glaube,
dass Gott kein zeitloses Fatum (Schicksal) ist, sondern dass er auf aufrichtige Gebete und verantwortliche Taten wartet und antwortet.

Liebe lässt sich nicht verhindern, Jubilate

Predigt zum 1. Johannesbrief 5, 1 – 4, Lesung: Johannes 3, 16 - 22

Jeder, der glaubt,

dass Jesus der Christus ist, der ist aus Gott gezeugt;

und jeder, der den liebt, der ihn gezeugt hat,

liebt auch den, der aus ihm gezeugt ist.

Dieser Text passt gut zum heutigen Sonntag Jubilate. Er hat einen jubilierenden Grundton.

Er nennt die Grundbedingung unseres Glaubens. Jeder, der glaubt, dass Jesus nicht nur der Zimmermann aus Nazareth war, sondern der Christus, der Sohn Gottes, ist gläubig geworden und damit ein Kind Gottes. Als Kind Gottes ist es daher die klare Aufgabe, auch alle andern Gläubigen zu lieben. Darüber hinaus aber auch die Ungläubigen, wie wir das heute auch über unsere Hilfswerke tun. Bis zum zweiten Weltkrieg war das aber noch nicht klar. Es war bei uns in der Landeskirche eine vieldiskutierte Frage, ob man andersgläubigen Flüchtlingen, wie den Juden, auch beistehen solle.

Glaube und Liebe, dieses Thema zieht sich durch den ganzen 1. Johannesbrief. Glaube und Liebe lässt sich nicht trennen. Diese Liebe ist daher stärker als jede noch so romantische Liebschaft. **Daran erkennen wir, dass wir die Kinder Gottes lieben, wenn wir Gott lieben und seine Gebote befolgen.**

Es ist eine Liebe, die selbstverständlich die Liebe von Gott zu uns voraussetzt. Es ist eigentlich diese Liebe, die uns wiederum antreibt Gott zu lieben. Denn Gott schreibt uns seinen Willen in unser Herz. Wer gläubig ist, lässt ja gerade dies zu. So heisst es nach dem Liebesgebot von und zu Gott in 5. Mose (Deuteronomium) 6, 5, dass das Liebesgebot „ins Herz geschrieben“ ist. In Deuteronomium 30, 11 – 15 heisst es:

„Denn das Gebot, das ich dir heute gebiete, ist dir nicht zu hoch und nicht zu fern.

Es ist nicht im Himmel, dass du sagen müsstest: Wer will für uns in den Himmel fahren und es uns holen, dass wir's hören und tun?

Es ist auch nicht jenseits des Meeres, dass du sagen müsstest: Wer will für uns über das Meer fahren und es uns holen, dass wir's hören und tun?

Denn es ist das Wort ganz nahe bei dir, in deinem Munde und in deinem Herzen, dass du es tust.“

So wurde für uns Nichtjuden die Liebe Gottes durch Jesus nahe gebracht, damit wir keine Ausrede mehr haben. Das Wort Gottes wurde durch ihn lebendig und gegenwärtig, weil er uns Gottes Geist nahe gebracht hat: … **das ist der Sieg, der die Welt überwunden hat: unser Glaube. Wer ist es, der die Welt überwindet, wenn nicht der, welcher glaubt, dass Jesus der Sohn Gottes ist?**

Diesen Glauben haben wir so nötig. An allen Ecken und Enden erfahren wir die Begrenztheit unserer Liebe. Noch mehr: Dass unsere Liebe nicht weit reicht, dass sie sich hindern lässt, grenzüberschreitend zu lieben. Nur der Glaube an die Liebe Gottes macht uns frei zu einer Liebe, die sich nicht hindern lässt. Allzu oft erfahren wir, dass es nicht unsere Liebe ist, die die Welt überwindet, sondern im Gegenteil, dass sie durch die Situation in der Welt bitter wird. So verstricken sich Liebesgeschichten zu alltäglichen Enttäuschungen. Harte Worte, ohnmächtig böse Blicke und versteinerte Herzen sind die Folge. Die Liebesgeschichten zwischen Kindern und Eltern verstricken sich in den Tücken des schwierigen Weges, sich selber treu zu bleiben. Da bleiben Tränen ungeweint und ungetröstet, Hoffnungen bleiben eingemauert in gegenseitiger Schuld, die nicht abgetragen wird. Und die propagierte Liebe zum fremden Anderen nimmt selbst die Züge der Lieblosigkeit an. Dies drückte auch Bertold Brecht im Alter aus:

„Auch der Hass gegen die Niedrigkeit verzerrt die Züge. Auch der Zorn über das Unrecht macht die Stimme heiser. Ach, wir, die wir den Boden bereiten wollten für Freundlichkeit, konnten selber nicht freundlich sein.“

Die Liebe, wenn sie nicht von der Welt abhängig sein soll, braucht die Kraft zum Sieg über die Welt von anderswo. Sie braucht die Kraft des Geistes zum Sieg über die Welt der Verkehrsopfer, der Drogentoten, der Kinderpornographie, der Spekulation, der Arbeitslosigkeit, des Hungertodes, der alltäglichen Leere und der

Bilderflut, der Bürgerkriege und der Pausenplatzgewalt. Meine Liebe braucht den Sieg über jene Welt, die mein Leben im Griff hat mit den Gesetzen des beruflichen Erfolgs und des familiären Anstandes. Über meine Welt, für die im Kleinen und im Grossen, im Inneren wie Äusseren gilt: "Wirklich, ich lebe in finsteren Zeiten!" Die Welt will der Liebe nämlich ihre Vergeblichkeit mit allen Mitteln beweisen.

Der Psalmist findet für diese Bedrängnis ergreifende Worte: „Willst du denn ewiglich über uns zürnen und deinen Zorn walten lassen für und für? Willst du uns denn nicht wieder erquicken, dass dein Volk sich über dich freuen kann?" (Psalm 85, 6.7). Die Welt ist nicht das Leben, das es freundlich mit uns meint, auch nicht einfach unser Schicksal. Die Welt ist vielmehr zugleich die Welt der Sünde und des Gerichts. Die Sünde will die Liebe nicht wahrhaben. Sie leugnet, dass der andere der Liebe wert ist. Sie verneint dem Liebenden die Kraft, zu lieben. Die Sünde begründet die Unmöglichkeit der Liebe, indem sie die Realität der lieblosen Welt hervorhebt, die sie doch selbst hervorgebracht hat. Deshalb ergeht über die Welt der Sünde, die alle Liebe in der Lieblosigkeit untergehen lässt, zu Recht das Gericht Gottes.

Diese Welt siegt mit dem Satz, der manchmal über Todesanzeigen steht: „Gekämpft, und doch verloren!" Dieser Kampf ist im Letzten aussichtslos. Der Tod kann nicht wirklich verhindert werden.

Wenn das Leben siegen und die Liebe den Sieg über die Welt davontragen soll, dann gilt es, nicht den Tod, sondern die Sünde zu bekämpfen. Nicht der Tod ist der eigentliche Feind des Lebens – er gehört zum Leben –, sondern die Sünde. Dass an die Stelle des Kampfes gegen die Sünde der aussichtslose Kampf gegen den Tod tritt, ist selbst das Werk der Sünde und daher zum Scheitern verurteilt.

Der Sieg über die Welt ist zuerst die Überwindung der Sünde, nicht des Todes. Die Sünde kann nicht verwandelt, die Sünde kann nur besiegt und bezwungen, oder vergeben werden. Die Welt der Sünde aber muss besiegt werden, weil sie der Feind der Liebe ist. In der Welt der Sünde erscheint alle Liebe vergeblich. Deshalb überwindet nur der Glaube an die Liebe, die nicht aus der Welt kommt, die Welt der Sünde. Der Glaube ist die Kraft zur Überwindung der Welt, weil er zur Liebe nicht durch ein romantisches Gefühl kommt, sondern durch das Halten der Gebote, aus dem Willen der Liebe und der Kraft Gottes und somit aus Gott **gezeugt**.

Geboren für die Liebe: Das ist der Sinn eines Lebens aus der Taufe und der Abendmahlsgemeinschaft. Hier ist der Ort der neuen Schöpfung. Das Gegenüber, an dem ich entdecke: Ich bin geboren für die Liebe, die Neue Schöpfung, die mich frei macht von den Zwängen der Welt. Hier wird der Sieg über die Welt von der Liebe gefeiert.

Geboren für die Liebe, damit sie sich nicht mehr hindern lässt! – Sie jubelt über den Schöpfer, der mir ein Gegenüber für die Liebe schafft, die Neue Schöpfung. Sie jubelt über Christus, dessen Liebe die Welt überwunden hat. Sie jubelt über die Kraft des Geistes, "der dir alle deine Sünde vergibt und heilt alle deine Gebrechen, der dein Leben vom Verderben erlöst, der dich krönt mit Gnade und Barmherzigkeit" (Psalm 103, 3.4). Die Liebe überwindet in mir die Welt der Sünde. Die Liebe von Gott bricht sich Bahn in deinem und meinem Leben, in deinem und meinem Herzen. Lass sie zu, die Liebe, die nicht aus dir selbst ist und nicht von dir abhängig ist.

Wer ist es, der die Welt überwindet, wenn nicht der, welcher glaubt, dass Jesus der Sohn Gottes ist?

Amen

Die Tempelräumung, Kantate

Predigt zu Matthäus 21, 12 – 16, Lesung: 2. Chronik 29, 16 – 19

Wussten Sie,

…, dass jeder Ort, an dem sich zehn jüdische Männer zum Gebet zusammenfinden, im weiteren Sinne eine Synagoge ist?

…, dass der protestantische Kirchenbau eigentlich die Tradition des Synagogenbaus aufgenommen hat, bis auf den Glockenturm?

…, dass sich heute noch im Aufbau einer orthodoxen Kirche das Vorbild des Tempelbaus spiegelt?

…, dass Jesus eigentlich nicht den Tempel geräumt hatte, sondern den Vorplatz, obwohl vom Tempel als Oberbegriff die Rede ist?

Und Jesus ging in den Tempel hinein und trieb alle hinaus, die im Tempel verkauften und kauften, und die Tische der Geldwechsler und die Stände der Taubenverkäufer stiess er um, und er sagt zu ihnen: Es steht geschrieben: Mein Haus soll Haus des Gebets heissen, ihr aber macht es zu einer Räuberhöhle.

Die Händler befanden sich nicht im eigentlichen Tempel, wo geopfert wurde und nur israelitische Männer und Priester Zugang hatten.

Sie befanden sich dort, wo alle Zugang hatten, um sich eine Opfergabe kaufen zu können. Wenn also Jesus die Händler aus dem Vorhof zum Tempel hinaus wirft, protestiert er gegen den käuflichen Opferkult. Es braucht eigentlich gar keine Opfer mehr, denn Gott ist mit und durch Jesus selbst das unkäufliche Opfer für alle Menschen.

Was es braucht, ist das Gebet, gesprochen, gesungen, in der heiligen Schrift meditiert. Davon soll niemand ausgeschlossen sein. Mit dem Vertreiben der Händler macht Jesus den allen zugänglichen Vorplatz des Tempels allen für den eigentlichen Gottesdienst zugänglich, eben fürs Gebet. Er schafft Raum zum Hören, Loben und Heilen. Da ist auch Raum für die Blinden und Lahmen. Da wird ihnen der Zugang nicht verwehrt wie zum eigentlichen Tempel. Im 2. Buch Samuel 5, 8, steht nämlich:

„Es soll kein Blinder noch Lahmer ins Haus (Tempel) kommen."

Und es traten Blinde und Lahme im Tempel zu ihm, und er heilte sie. Alle die zu dieser Fülle, Gottes vollmächtiger Gegenwart kamen, wurden dort geheilt. Dadurch erlangte der Tempel wenigstens für einen Tag seine eigentliche Bedeutung, ein Ort des unkäuflichen Heils und der Heilung zu sein. Ein Ort des Gebetes und Nachdenkens über dem Wort Gottes, das in Jesus ganz gegenwärtig wurde. Eben ein Bethaus oder eine Synagoge.

Die Taten von Jesus blieben natürlich dem Klerus nicht verborgen, so heisst es weiter: **Als aber die Hohenpriester und Schriftgelehrten die Wunder sahen, die er tat, und die Kinder, die im Tempel riefen:**

Hosianna, dem Sohn Davids! waren sie aufgebracht und sagten zu ihm: Hörst du, was diese sagen? Jesus aber sagt zu ihnen: Ja! Habt ihr nie gelesen: ‚Aus dem Munde von Unmündigen und Säuglingen hast du dir Lob bereitet?

Unsagbares und Unglaubliches ist geschehen. Kinder bringen die grosse Wahrheit von Jesu Handeln an den Tag. Sie loben Gott in ihrer Weise.

Können wir uns von den Kindern anstecken lassen? Im Lobgesang eignen wir uns etwas von der erahnten Wirklichkeit an; durch das Singen nimmt sie in uns Raum und wir werden von Gottes Wundern auf wunderbare Art und Weise erfüllt. Im Lobpreis vergegenwärtigen wir uns der Wunder Gottes. Wir können sie nicht völlig erfassen. Es ist nur ein Erahnen. Bruchstückhaft nehmen wir Gottes Liebe wahr, wie Apostel Paulus es im Korintherbrief, Kapitel 13 beschreibt. "Unser Erkennen ist Stückwerk." Oder an die Christen in Philippi drückt er es so aus: "Nein, ich habe es noch nicht ganz ergriffen, aber ich strecke mich danach aus." Im Lobgesang strecken wir uns nach Gott aus.

Oft bekomme ich zu hören: "Aber wenn ich doch nicht singen kann! Wenn es misstönt und misslingt und so gar nicht harmonisch ist!" Zwar unterscheidet sich der Gesang unserer Gemeinde von Profichören. Unser Gospelchor tönt schon sehr gut, aber noch nicht ganz so perfekt wie der berühmte Osloer Gospelchor. Wie total aber unterscheidet sich der beste Chorgesang von den Harmonien der Engel und dem

Wohlklang der himmlischen Sphären. Dagegen muss sich unser Bemühen wie das Krächzen von Krähen oder das unkontrollierte Schreien von Kindern anhören.

Gibt es überhaupt eine besondere, die richtige Art, Gott zu loben? Ist Gregorianik geeigneter als Rap, Beat besser als Polyphonie, zwölfstimmige Madrigale lobender als die einfache Melodie? Wenn Gott sich das Schreien von Kindern zu einem Machterweis und himmlischen und wunderbaren Lobgesang macht, dann gilt das auch für jede Art von Musik, wenn sie vom Herzen getragen ist. Gott wird auch unser Bemühen zum richtigen Lobgesang werden lassen. Das ist sicher das Geheimnis der Kirchenmusik, dass wir uns alle Mühe geben, es so gut zu machen, wie wir nur können; aber Gott lässt es dann gelingen, weil wirklicher Lobgesang, wirkliche Kirchenmusik aus dem Herz und dem vielstimmigen Jubel der Freude entsteht.

Und wenn der Lobgesang längst verstummt ist, kaum mehr existiert, wie im Tempel zu Jerusalem die mürrischen Hohenpriester den Mund nur zur Anklage öffnen? Wenn das Lobsingen zur Tonkonserve verkümmert? Was ist, wenn kein öffentliches Bekenntnis mehr zu Gott und seinen Wundern erschallt, weil der Kirchgang zu beschwerlich erscheint? Wenn wir Christen vergessen zu danken, dann wird Gott das Loblied von anderen erwecken und es hören. Es erklingt bereits in Hitparaden, unter den Bäumen Afrikas, sogar in Lobeshymnen von Atheisten oder zumindest von Leuten, die wir für gar nicht zuständig erachten. Gottes Loblied wird erklingen!

Wenn es aus uns nicht singt, haben wir noch nicht begriffen, was Evangelium ist Dann können wir noch so gelehrt daherreden und so engagiert tun, unser Herr wird dann längst woanders hingegangen sein. Jesus lässt die Hohenpriester einfach stehen. Stehen wir nun abseits der grossen Wunder, skeptisch wie sie?

Oder sind wir mit kindlicher Begeisterung dabei und singen, wie es uns gegeben ist! Egal, ob Brummer oder glockenreiner Sopran, mitgesprochen oder auch nur innerlich mitsummend. Lasst uns singen, von Gott, von seinen Wundern, die er auch heute an uns tut und die wir von Gott erbitten für uns und für alle Welt. In der Neuen oder der Alten Kirche Albisrieden, zuhause oder anderswo.

Amen

Auffahrt, Himmelfahrt

Predigt zu Apostelgeschichte 1, 6 – 11, Lesung: Lukas 24, 44 – 53

Heute ist es so weit, wir feiern Auffahrt! Leider nicht draussen, wie erhofft, unter freiem Himmel.

Auffahrt ist ein sehr beliebter Feiertag, insbesondere weil er mit vorgeholter Arbeitszeit bis Sonntag verlängert werden kann. Aber auch vom Kirchenjahr her ist es nicht viel anders. Es gibt nämlich in der ganzen Schweiz nur den ersten Weihnachtstag und den 1. Januar, nebst Auffahrt, die flächendeckend ohne Ausnahme in allen Kantonen Feiertage sind. Erst 1994 kam der erste August als weltlicher, ganztägiger Feiertag in der ganzen Schweiz dazu.

Auffahrt markiert die beginnende warme Jahreszeit, obwohl sie wie auch Pfingsten sich nach Ostern orientiert. Auffahrt und Pfingsten sind dem Himmel und der Schöpfung gegenüber offen. Besonders in diesem Jahr unterstreichen sie den Durchbruch des Frühlings. Der Sommer kündigt sich an mit all seinen Festen bis zum Erntedankfest.

Auffahrt macht deutlich, wir sind nicht nur Menschen mit Bodenblick. Wir sind Menschen mit aufrechtem Gang, die sich auch himmelwärts orientieren. So wie die Jünger überrascht, erstaunt himmelwärts schauten, um das Unfassbare zu begreifen. So werden sie von den Himmelsboten, den Engeln angesprochen: **Ihr Leute aus Galiläa, was steht ihr da und schaut hinauf zum Himmel?** Sie möchten im Himmel Gott sehen, den Gott, der sich ihnen im menschlichen Antlitz von Jesus offenbart hat, Gottes Sohn. Aber wie hat es der Theologe Gerhard Ebeling so treffend ausgedrückt?

„Nicht wo der Himmel ist, ist Gott; sondern wo Gott ist, ist der Himmel."

Wenn wir uns also nach dem Himmel sehnen, dann sehnen wir uns eigentlich nach der vollkommenen Gemeinschaft mit Gott. Daher überkommt uns eine Ahnung, wenn wir nur schon in den sichtbaren Himmel schauen. Es kommt das Gefühl von Weite auf, die uns über das Sichtbare hinaus verbindet. Es ist nicht ein Gefühl von

Verlorenheit trotz unserer Kleinheit, es ist ein Gefühl, eine Ahnung dafür, dass alles auf wunderbare Weise zusammen gehört. Ja, dass der Himmel uns wie ein Zelt umgibt, das unsern einmaligen Planeten schützt. Ja dafür, dass in Christus diese Welt bereits versöhnt ist. Dafür, dass das, was Gott in Christus getan hat, gültig ist. Er hat sich versöhnt mit deinem und meinem in die Irre gehen, mit unsern Fehlentscheidungen. Er hat Recht über diese Erde gesprochen, dass sie den Tod verdient hat für all ihr Unrecht tun. In Christus hat Gott stellvertretend die Todesstrafe auf sich genommen und damit gezeigt, zu was für Schrecken und Greueln wir Menschen fähig sind, nämlich auch Gottes Sohn zu foltern und zu töten. Durch diesen Schmerz hindurch, durch diese Ungerechtigkeit hindurch, durch den Tod hindurch sagt Gott zu uns, jeder und jedem: Ich habe dein Unrecht tun getilgt, ich habe es in Christus vergeben. Schau daher aufwärts, vorwärts, steh auf, beginn neu, fahre auf, verlass dich auf mich. Folge mir nach!

Ja, aber noch sind wir Nachfolgerinnen und Nachfolger auf der Erde. Noch sind wir nicht aufgefahren in den Himmel. Aber schon können wir Gottes Botschaft leben, können miteinander das Brot und den Wein teilen und Gott schon mitten unter uns feiern. Noch gehört beides zusammen, noch gilt es diese Spannung des noch nicht und schon jetzt auszuhalten.

Kurt Marti drückt das so aus (RG 867):

„Der Himmel, der ist,
ist nicht der Himmel, der kommt,
wenn einst Himmel und Erde vergehen.

Der Himmel, der kommt,
das ist der kommende Herr,
wenn die Herren der Erde gegangen.

Der Himmel, der kommt,
das ist die Welt ohne Leid,
wo Gewalttat und Elend besiegt sind.

Der Himmel, der kommt,
das ist die fröhliche Stadt
und der Gott mit dem Antlitz des Menschen.

Der Himmel, der kommt,
grüsst schon die Erde, die ist,
wenn die Liebe das Leben verändert."

Sogar in Pop-Songs kommt diese Spannung vor, auch wenn sie öfters den Himmel auf Erden besingen. So heisst es bei Tanja Berg:

„Ich hab dir nie den Himmel versprochen,
weil es den auf Erden nicht gibt.
Tränen müssen sein,
wenn man sich auch noch so liebt."

Wir haben die Aussicht, dass es nicht bei der Spannung bleibt, da es weiter heisst: **Dieser Jesus, der von euch weg in den Himmel aufgenommen wurde, wird auf dieselbe Weise wiederkommen, wie ihr ihn in den Himmel habt auffahren sehen.** Damit wird das Ende der Zeit vorausgesagt. Die Gegenbewegung zur Auffahrt ist die Abfahrt, die Wiederkunft bzw. die Parusie: „Dann werden sie den Menschensohn kommen sehen auf einer Wolke mit grosser Macht und Herrlichkeit." (Lukas 21, 27) Wenn der erweckte und auferstandene Gottessohn wieder kommen wird, werden ihn die Toten und Lebendigen in Christus empfangen: „... zusammen hinweggerissen und auf Wolken emporgetragen in die Höhe, zur Begegnung mit dem Herrn."
(1. Thessalonicher 4, 17)

Durch die Gläubigen erweckt sich Christus quasi ein Empfangskomitee als Erstlingsgabe der Menschheit.

Aber wann wird das sein?

Das können wir uns nicht wirklich vorstellen, daher sagt Jesus:

Euch gebührt es nicht, Zeiten und Fristen zu erfahren, die der Vater in seiner Vollmacht festgesetzt hat.

Mehr können wir schlicht nicht zum Zeitpunkt sagen.

Immer wieder gab es Gruppierungen, die dies taten oder auch heute noch tun. Sie nennen wir deshalb Sekten, weil sie den gesunden Weg des Evangeliums verlassen haben.

Bis es aber so weit ist, bleiben wir nicht allein sondern dürfen gestärkt durch den heiligen Geist vorwärts gehen und unsern Glauben bezeugen:

Ihr werdet aber Kraft empfangen, wenn der heilige Geist über euch kommt, und ihr werdet meine Zeugen sein. (Vertont: RG 512)

Amen

Lob der Vielfalt, Pfingstsonntag

Predigt zum 1. Korintherbrief 12, 4 – 11, Lesung: Apostelgeschichte 2, 1 – 18

Das Pfingstfest erinnert an die Gründung der Kirche Jesu Christi. Ohne die Kraft von oben, die über die ersten Christinnen und Christen und die Apostel kam, hatten sie nicht den Mut bekommen, das was sie mit Jesus erlebt hatten zu bezeugen, aber insbesondere jetzt auch danach zu leben. Der Geist Gottes begeisterte sie für die Sache Jesu. Sie hatten sich also doch nicht in ihm getäuscht, dass er der Versprochene war, der Christus beziehungsweise der Messias.

Diese Kraft von oben erhielten sie an Pfingsten, einem jüdischen Erntedankfest. Gerade nach der vergangenen 3-wöchigen Kälte- und Regenperiode ist mir neu bewusst geworden, wie Wachstum, Gedeihen und Ernten eine Gabe sind. Es ist nicht selbstverständlich, wenn wir empfangen oder ernten können. Vermutlich gibt es in diesem Jahr an manchen Orten weniger Obst zu ernten, weil die Blütenzeit in die kalte Regenzeit fiel, so dass die Bienen wenig zum Bestäuben geflogen sind.

Die Menschen damals liessen den Geist Gottes an sich wirken wie den Genuss der Erntegaben, wozu natürlich auch junger, süsser Wein gehörte. Jene, die nicht für den Empfang dieses Geistes von Jesus Christus bereit waren, meinten daher, die ersten Christen und Christinnen seien beschwipst.

Der Geist von Jesus Christus, der heilige Geist verbindet uns mit dem dreieinigen Gott bis auf den heutigen Tag und gewiss auch in Zukunft. Auch heute ist es aber nötig sich für ihn zu öffnen, damit er uns erfüllen möge.

Als ich letzthin zu einer Frau sagte, dass der Geist Gottes uns füllen möge, sagte sie: „Aber um sich füllen lassen zu können, musst du zuerst leer sein!" Mir hingegen genügt es schon zu wissen, dass der Geist Gottes da ist und weht wo er will. Das schenkt mir die Gewissheit seiner Gegenwart, dass er mich erfüllt, wenn ich es zulasse. Vermutlich meinen wir aber beide dasselbe, aber mit verschiedenen Methoden. Denn wenn ich mich auf Gottes Geist verlasse, gebe ich ihm Raum in meinem Leben. Wenn ich ihm Raum gebe, muss ich ja irgendwie innerlich Platz machen, den man wohl mit Leere bezeichnen kann. Letztlich ist es einfach wichtig, dass der Geist wirken darf und in der Verbindung mit dem Lesen der heiligen Schrift sich aufschliesst.

So handelt auch der heutige Predigttext von Pfingsten in der Gemeindepraxis. Die Urchristenheit machte mit dem heiligen Geist Erfahrungen und erfuhr, dass es zwar ein Geist ist, dass dieser aber vielfältig wirkt.

Paulus versuchte daher, diese Verschiedenheit darzustellen. Hören wir auf die Einleitung:

Die uns zugeteilten Gaben sind verschieden, der Geist jedoch ist derselbe.

Die Dienste sind verschieden, der Herr aber ist derselbe.

Das Wirken der Kräfte ist verschieden, Gott jedoch ist derselbe, der alles in allen wirkt.

Zuerst schreibt er von den verschiedenen Gaben und dem einen Geist.

Anschliessend von den verschiedenen diakonischen, beziehungsweise sozialen Diensten und dem einen Herrn, womit er Jesus Christus meint.

Und schliesslich von der Verschiedenheit der schöpferischen Kräfte und dem einen Schöpfergott.

Paulus teilt die verschiedenen Gaben den drei Personen Gottes zu, er legt damit ein sehr frühes Bekenntnis zur Dreieinigkeit Gottes ab.

So gelingt es ihm über die Dreieinigkeit die vernünftigen Fähigkeiten zu vereinen mit den ekstatischen, unwirklich wirkenden Gaben wie das Zungenreden oder Wundertaten, mit den schöpferischen Begabungen. Für die besonderen Begabungen benutzen wir auch heute noch das griechische Wort aus dem Neuen Testament für Gnadengabe, nämlich Charisma. Wenn ein Mensch nicht nur über auffällig ausserordentliche Begabungen verfügt, sondern auch als ganze Persönlichkeit äusserst authentisch erfahren wird, nennen wir sie im Allgemeinen eine charismatische Persönlichkeit.

Das aktuell wohl bekannteste Beispiel dafür ist Pfarrer Ernst Sieber. Mit dieser Bezeichnung sagen wir wohl oft ohne gross zu überlegen: Begabungen sind ein

Geschenk Gottes, oder genauer gesagt Gnadengaben, die wir nur fördern aber nicht selbst produzieren können.

Im Weitern gibt Paulus einen Massstab zur Überprüfung, ob Begabungen vom heiligen Geist gewirkt sind, wenn er schreibt:

Jedem wird die Offenbarung des Geistes so zuteil, dass es allen zugute kommt.

Es gibt also keine von Gott bewirkten Gnadengaben, die nicht allen zugute kommen würden. Das ist die Aufgabe der Gnadengaben, zum Wohle der Menschheit eingesetzt zu werden.

Wenn wir weiterlesen, so fällt uns die Vielgestaltigkeit der Gnadengaben auf.

Diese Vielgestaltigkeit war den Mächtigen in der Kirche und in der Politik ein Dorn im Auge. Immer versuchten sie die Kirche zu vereinheitlichen und uniform zu machen, statt sich an den verschiedenen Bekundungen des einen Geistes, des einen dreieinigen Gottes zu erfreuen. Als Reformierte tun wir uns mit der Pfingstkirche schwer, manchmal zu Recht, manchmal aber auch zu Unrecht. Manchmal leiden wir auch an der Getrenntheit der verschiedenen Kirchen. Da ist es wichtig sich zu erinnern, dass die Einheit der Kirche nicht gemacht werden kann, sie kann nur erbeten werden. Denn die wahre Kirche ist bekanntlich unsichtbar. Obwohl Jesus bereits um die Einheit der Kirche bat (Johannes 17, 22), schuf er sie nicht als Automatismus.

Die Einheit der Kirche ist daher auch eine Gnadengabe, die zu hoffen, zu loben und zu erbeten ist, damit das Bewusstsein der weltweiten Zusammengehörigkeit in den verschiedenen Kirchen nicht verloren geht.

Ich bin überzeugt, je mehr wir Gottes Geist in unserer Kirche wirken lassen, desto mehr können wir uns an der Verschiedenheit Gottesdienst zu feiern in den andern Kirchen erfreuen. Denn:

Dies alles aber wirkt ein und derselbe Geist, der jedem auf besondere Weise zuteilt, wie er es will.

Amen

Freispruch für die Ehebrecherin

Johannes 8, 1 – 11, Lesung: Römer 14, 7 - 13

Stellen wir uns zuerst einmal vor, was diese Geschichte erzählt.
Erste Szene: Jesus hält sich im Tempelareal auf. Das bleibt nicht unbemerkt. Menschen bemerken ihn und gehen auf ihn zu. Da es eine grössere Menge von Menschen ist, die zusammen strömt, etwa so wie jetzt in der Kirche, setzt sich Jesus auf etwas wie einen Stuhl, vermutlich eine Steinbank. Das taten damals die Lehrer so. Die Menge setzt sich ihm gegenüber auf den Boden. Da es warm ist, ist das weiter nicht schlimm, drückt aber Ehrerbietung dem Lehrer gegenüber aus, der auch Meister genannt wird.
Zweite Szene: Während Jesus das Volk unterrichtet und es an seinen Lippen hängt, kommen Männer von der Seite mit einer Frau in ihrer Mitte und lassen sie in der Mitte zwischen Jesus und dem Volk allein stehen. Wie in einem Gerichtssaal klagen sie die Frau an. Es sind Schriftgelehrte, Theologen, die die Bibel gut kennen. Zugleich machen sie Jesus, den Lehrer, zum Richter. Sie wollen sein Urteil hören: **Meister, diese Frau ist beim Ehebruch auf frischer Tat ertappt worden. Im Gesetz aber hat Mose uns vorgeschrieben, solche Frauen zu steinigen. Du nun, was sagst du dazu?** Jesus könnte sich nun auf eine juristische Diskussion einlassen. Er könnte etwa sagen: Zum Ehebruch braucht es doch zwei. Warum klagt ihr nur die Frau des Ehebruchs an und nicht auch den Mann, mit dem sie Ehebruch begangen hat? Moses sah doch die Todesstrafe für beide Ehebrechenden vor. (5. Mose 22, 22f) So aber hätte er sich zum Richter machen lassen. Jesus aber wollte nicht richten, denn er war nicht gekommen, um zu richten.
Denken wir auch an die Passionsgeschichte des Johannes-Evangeliums. Pilatus wollte auch nicht Richter sein, aber schlussendlich gab er dem grossen Druck der Ankläger nach und richtete wider besseres Wissen. Jesus gibt aber diesem Druck nicht nach.
Dritte Szene: Jesus kauert auf den Boden und schreibt in den Sand. Was er da

schreibt, bleibt unbekannt. Vermutlich tut er es nur zeichenhaft. Manche Kommentatoren sind der Meinung, dass er das in Anlehnung an den Brauch der römischen Richter tat, die zuerst das Urteil aufschrieben und es erst nachher bekannt gaben.

Vierte Szene: Die Ankläger geben keine Ruhe. Sie fragen immer wieder. Nach einiger Zeit erhebt sich Jesus. Auf gleicher Augenhöhe sagt er ihnen ins Gesicht: **Wer unter euch ohne Sünde ist, werfe als Erster einen Stein auf sie!**

Fünfte Szene: Jesus kauert wieder auf den Boden und schreibt weiter in den Sand. Das Volk sitzt mit angehaltenem Atem da und denkt, was werden die Ankläger jetzt wohl tun? – Einer nach dem andern zieht ab. Sie sind so ehrlich, dass sie innerlich zugeben können, dass keiner vor Gott gerecht ist, auch nicht einer.

Sechste Szene: Jesus steht wieder auf und sagt zu der ebenfalls stehenden Frau, nicht als Richter auf dem Stuhl, sondern von Mensch zu Mensch: **Frau, wo sind sie? Hat keiner dich verurteilt? Sie sagte: Keiner, Herr.**

Und jetzt gibt Jesus sein Urteil bekannt: **Auch ich verurteile dich nicht. Geh, und sündige von jetzt an nicht mehr!** Anders gesagt, meint Jesus: Mach denselben Fehler nicht nochmals. Begehe keinen Ehebruch mehr und kehr zu deinem Ehemann oder Verlobten zurück. Falls nicht, dann lasse dich von ihm scheiden.

Danach war wohl der Unterricht beendet.

Jesus war offensichtlich kein Freund der Todesstrafe. Im Tod der schuldig Gewordenen sieht er keine Lösung. Er hat ihn verhindert. Er hat die Fäuste, die Steine umklammerten, sich öffnen lassen. Die Steine, die die Frau hätten töten sollen, kullerten auf den Boden. Dafür treffen sie später Jesus in Form von Nägeln am Kreuz. **Wer unter euch ohne Sünde ist, werfe als Erster einen Stein auf sie!** Ist das Volk, das Zeuge dieser Begegnung wurde, auch bereit der Frau zu vergeben? Bin ich, bist du bereit zu vergeben? Auch wenn wir keinen Ehebruch begangen haben? Interessant: Jesus sagt nicht, wer unter euch noch nie Ehebruch begangen hat, werfe als Erster einen Stein, sondern: **Wer unter euch ohne Sünde ist.** Damit spricht er unser ganzes Menschsein an. Da weiss ehrlicher Weise jeder und jede einiges, was er oder sie unterlassen hat an Gutem zu tun oder wo man jemanden mit spitzer Zunge verletzt hat.

Mit dieser Antwort hebt aber Jesus das 7. Gebot, „du sollst nicht ehebrechen", nicht auf. Schuld wird als Schuld benannt. Aber die geforderte Todesstrafe erweist sich als unverhältnismässig für eine menschlich, allzu menschliche Tat. Übrigens bereits der biblische Text reduziert die Frau nicht auf den Ehebruch. Er spricht nicht von der Ehebrecherin, sondern von der Frau, die beim Ehebruch ertappt wurde.

Wir wissen heute, dass dieser Text in den ältesten Handschriften des Johannes-Evangeliums nicht vorhanden ist. – In seiner Ausdrucksweise würde er besser ins Lukas-Evangelium passen. – Mit grosser Wahrscheinlichkeit haben sich die frühen Gemeinden im 2. Jahrhundert erst wieder an diese Geschichte erinnert und in die heilige Schrift integriert. Warum? Die junge Kirche erlebte, dass sich auch in ihrer Mitte Ehebruch ereignete. Nun war sie vor die Frage gestellt, wie das Volk in der Geschichte, wie sie mit Ehebrechenden umgehen sollte. Sollte sie die Ehebrechenden aus ihrer Mitte ausstossen, ihnen die Gemeinschaft aufkündigen? So konnten die Verantwortlichen in der jungen Kirche auf Jesus hinweisen, der die Frau, die Ehebruch begangen hatte, nicht verurteilt hat.

Die Kirche tötete tatsächlich in ihrer Geschichte nie jemanden wegen Ehebruchs. Sie strafte moralisch, zum Beispiel in Zwinglis Zürich schloss man Ehebrechende vom Abendmahl aus.

Hingegen unterstützte die Kirche vom 11. bis anfangs 18. Jahrhundert die Todesstrafe für Andersdenkende und -glaubende sowie an Hexen, darunter waren zehn Prozent Männer.

Und wir, wie halten wir es mit schuldig gewordenen? Geben wir ihnen die Würde, die Jesus ihnen gegeben hat? Und wenn wir schuldig geworden sind, können wir die Schuldbefreiung durch Jesus auch für uns persönlich gelten lassen? Bekanntlich sind wir mit uns selbst die härtesten Richter. Lassen wir also den Freispruch von Jesus für uns und die andern gelten: **Ich verurteile dich nicht.**

Amen

Kommt und lasst uns gehen im Licht des HERRN!

Jesaja 2, 1 – 5, Lesung: Epheser 5, 8 – 14

Es ist Sommerferienzeit – Reisezeit.

Wir wollen in Gedanken rund 3000 km in südöstlicher Richtung nach Jerusalem fliegen. Ein Ort, den viele Christen, Juden und Muslime im Laufe ihres Lebens einmal besuchen. Das Herz der Altstadt ist der Tempelberg, der Zion genannt wird, mit der eindrücklichen Klagemauer. Diese ist der eigentliche Wallfahrtsort für die Juden, das Mahnmal an das unermessliche Leid, das ihnen angetan wurde. Es ist aber auch Hoffnungszeichen dafür, dass der Zion trotz allen Kriegen, allem Unrecht und allen Verfolgungen bestehen bleibt.

Auch Muslims ist der Tempelberg heilig, er ist für sie der drittwichtigste Pilgerort. Dort beten sie in der Al-Aksa Moschee, die auf dem Fundament einer byzantinischen Kirche errichtet wurde, womit deutlich wird, dass auch Christen dieser Ort wichtig war oder zum Teil immer noch ist. Schon heute lässt dieser Ort fast die Hälfte der Menschheit nicht kalt. Diese grosse Beachtung zeigt, dass ein Teil der Prophezeiung von Jesaja bereits erfüllt ist, wenn er schrieb:

In fernen Tagen wird der Berg des Hauses des HERRN fest gegründet sein, der höchste Gipfel der Berge, und erhoben über die Hügel. Und alle Nationen werden zu ihm strömen, und viele Völker werden hingehen und sagen:

Kommt und lasst uns hinaufziehen zum Berg des HERRN, zum Haus des Gottes Jakobs, damit er uns in seinen Wegen unterweise und wir auf seinen Pfaden gehen. Denn vom Zion wird Weisung ausgehen und das Wort des HERRN von Jerusalem.

Jerusalem, der Zion, als Ort des Friedens und der Unterweisung? Das fällt uns schwer vorzustellen, trotz des grossen Interesses an dieser Stadt.

Da merken wir, da geht es um eine Wahrheit, die nicht aus unserer Erfahrung heraus kommt, sondern die wir uns nur sagen lassen können. So bekommt Jerusalem einen grösseren Sinn als der gegenwärtige Zustand. Jerusalem steht für die Sehnsucht der

Menschheit nach Gerechtigkeit und Frieden. So sagen Juden bei bestimmten Gelegenheiten: „Nächstes Jahr in Jerusalem!“ Damit meinen sie auch, dass sich die Prophezeiung von Jesaja vor gut 2700 Jahren erfüllen möge. In diesem übertragenen Sinne hat die Prophezeiung vom Zion, beziehungsweise von Jerusalem, schon öfters Menschen erfahren lassen, dass Veränderungen zu Gerechtigkeit und Frieden möglich werden gegen alle schlechten Erfahrungen. So legt der Prophet Jesaja gewissermassen noch eins drauf, wenn er mit den folgenden Worten weiterfährt:

Und er wird für Recht sorgen zwischen den Nationen und vielen Völkern Recht sprechen. Dann werden sie ihre Schwerter zu Pflugscharen schmieden und ihre Speere zu Winzermessern. Keine Nation wird gegen eine andere das Schwert erheben, und das Kriegshandwerk werden sie nicht mehr lernen.

Ein Hoffnungszeichen sehe ich in der überraschenden Gründung des neuen Nationalstaates Südsudan. Aber auch die eindrückliche Geschichte von der Befreiung vom Staats-Sozialismus in der DDR ohne Blut zu vergiessen.

Schwerter zu Pflugscharen lautet das Motto der Friedensbewegung seit ihrer Gründung 1980 aus der Bibel. Aber bereits 1959 schenkte die kommunistische Sowjetunion der UNO in New York eine Plastik, die das Bibelwort aus Jesaja und Micha 4 darstellt. Sie wusste damals noch nicht, dass dieses Wort sich an ihr selbst teilweise mit der Implosion ihres Systems erfüllen würde. Es war eigentlich dafür gedacht, um als menschenverachtender Staat in der Welt gut dazustehen.

„Mit allem haben wir gerechnet, nur nicht mit Kerzen und Gebeten“, wunderte sich der leitende Oberst des Krisenstabes der Staatssicherheit der ehemaligen DDR im Film Nikolaikirche. Beginnend in den letzten Tagen der DDR im Raum der Kirchen, sorgte diese Orientierung an der Bibel für einen Übergang in eine neue Zeit, ohne das Leben von Menschen zu fordern.

Das schafft Hoffnung angesichts vieler unlösbar erscheinenden Konflikten. Vielleicht stellt sich auch in Israel und den palästinensischen Gebieten je eine Friedensbewegung ein, die statt Steine zu werfen zu Hunderttausenden mit Olivenzweigen in der Hand aufeinander zugehen wird. So müssten die Mächtigen dieser Gebiete einsehen, dass die verfeindeten Völker für den Frieden und zumindest eine friedliche Koexistenz bereit sind. Sollte sich so etwas einstellen, könnte gut ein Staat Palästina anerkannt werden. Wenn aber ein Staat Palästina nur neues Leid und kriegerische Auseinandersetzungen bringt, sollte wohl von dessen Anerkennung abgesehen werden.

Zum Schluss fordert Jesaja auf:

Haus Jakob, kommt und lasst uns gehen im Licht des HERRN!

Liebevoll ergeht diese Aufforderung, im Lichte Gottes die Welt zu entdecken und somit sich Gerechtigkeit und Frieden statt Schwert zuzuwenden. Mit dem Haus Jakob sind zuerst die Juden und auch die Christen angesprochen, letztlich aber auch die Muslims, die Halb-Cousins von Jakob. – Der Vater von Jakob und Esau war Isaak, dessen Halbbruder war Ismael, der Erstgeborene Abrahams. –

Derselbe dreieinige Gott, der Weltgeschichte macht, bringt auch Licht in deine und meine kleine Geschichte. Ja, er macht Geschichte mit den vielen kleinen Geschichten.

Ein kleines Kind hat sich von der Hand der Mutter gelöst und sich gefährlich nahe einem Abgrund genähert. Die Mutter nähert sich ihm, breitet die Arme aus und ruft: „Komm doch!“ Und es kehrt zurück in die sicheren Arme der Mutter.

Zwei Teenager verstehen die Welt nicht mehr, ihre Freundschaft hat doch so gut begonnen und jetzt: Dieser Krach, in welchem sie sich selbst nicht mehr erkennen! Tina streicht Tim durchs Haar und flüstert ihm ins Ohr: „Komm doch!“

Ein Geschäftsmann kommt mit einer schlechten Nachricht nach Hause. Nachdem die Kinder zu Bett gebracht sind, erzählt er seiner Frau, dass ein wichtiger Kunde verloren ging. Arbeitsplätze sind bedroht, auch der eigene, wenn es nicht gelingt innert Kürze Ersatz zu finden. Die Frau sagt zu ihm nach einer Weile: „Komm doch!“

Ja, machen wir doch einander Mut mit dem Wort des Propheten:

Kommt und lasst uns gehen im Licht des HERRN!

Amen

Listiger Widerstand, Eidgenössischer Dank-, Buss- und Bettag

Predigt zu 1. Samuel 19, 8 – 17, Lesung: Lukas 4, 14 – 30

David hat viele Künstler inspiriert. Am bekanntesten ist sicherlich Michelangelos über vier Meter grosser David in Florenz, die erste Monumentalstatue der Hochrenaissance, von 1504. Sie gilt überhaupt als die bekannteste Skulptur der Kunstgeschichte.

Als Michelangelo den Auftrag annahm, lag der dazu bestimmte Marmorblock aus Carrara schon rund 40 Jahre im Domgarten. Bereits zwei Künstler hatten sich daran versucht, gaben aber auf. Michelangelo hingegen sann Tag und Nacht darüber nach, wie er aus diesem Stein einen David schaffen könnte, bis er ihn vor seinem inneren Auge sah. Er stellte David nicht wie erwartet als kleinen jungen Mann dar. Diese Vorstellung war und ist verbreitet, weil er gegen den viel grösseren Goliath gekämpft hatte. Er selbst war aber normal gross und athletisch gewachsen. Er aber griff zu einer waffentechnischen List, indem er den viel grösser gewachsenen Goliath mit einer unerwarteten Waffe – der Steinschleuder – bekämpfte und besiegte. So erwies sich der kleiner gewachsene David als der Grössere als der grösser gewachsene Goliath.

Genau so geschickt wie sich David Goliath gegenüber verhielt, so verhielt er sich seinem feindlich und eifersüchtig gestimmten Vorgängerkönig Saul gegenüber. Als Saul ihn mit dem Speer töten will, weicht er mit Geschick und Voraussicht aus. Umgekehrt verschont er aber dessen Leben. Dort, wo er sich nicht selbst helfen kann, ist er nicht zu stolz Hilfe anzunehmen. Seine Frau Michal, die zweite Tochter Sauls, verrät ihm die Pläne ihres Vaters und hat auch schon einen Rettungsplan bereit. Sie rettet sein Leben dadurch, dass sie ihn sich aus dem Fenster abseilen lässt. Das Haus war aber bereits von Sauls Soldaten bewacht. Daher musste dieses Fenster Bestandteil der Stadtmauer sein. Nur so konnte David nach dem Abseilen fliehen, ansonsten er den Soldaten in die Arme gelaufen wäre.

Das war eine List, ausgedacht von seiner Frau, die er gerne in Anspruch nahm, obwohl dies gar nicht heldenhaft war. Wenn wir dann noch bedenken, dass Michal mit einem Terafim, einem Götzen, den Kopf Davids im Bett vortäuscht, ist das nicht nur eine Täuschung, sondern Ironie. Mit diesem Götzen gab sie ihrem Vater prophetisch zu verstehen, dass er mit seinem Hass auf Saul einem Götzen, einem Wahn aufgesessen war, statt Gott zu dienen.

Schliesslich bleibt es nicht nur bei der List und der Täuschung. Um ihr Leben gegenüber dem Vater zu retten, log sie, indem sie sagte David hätte sie gezwungen. Diese drei Taten: Überlistung der Soldaten, ironische Täuschung und die Lüge zum Selbstschutz, werden erstaunlich wertfrei geschildert. Wie passt das zu einer Welt, in der wir täglich um Aufrichtigkeit und Ehrlichkeit kämpfen müssen, dass die heilige Schrift hier Unaufrichtigkeit und Unehrlichkeit kommentarlos schildert? Bei Jesus gibt es auch eine Art Täuschung, die am Schluss der Lesung beschrieben wird, ab Lukas 4, 29f: **Und sie standen auf und trieben ihn aus der Stadt hinaus und führten ihn an den Rand des Felsens, auf den ihre Stadt gebaut war, um ihn hinunterzustossen. Er aber schritt mitten durch sie hindurch und ging seines Weges.**

Jesus musste in der Stadt Nazareth seine Feinde ebenfalls getäuscht haben, so dass sie nicht in der Lage waren ihn wie beabsichtigt zu töten.

Da kommt einem schon Niccolò Machiavelli (1469-1527) in den Sinn, ein Zeitgenosse von Michelangelo. Um möglichst viel Macht und Kontrolle zu gewinnen, empfahl er, sich nicht nur der Täuschung sondern auch der Lüge zu bedienen. Mit Macchiavelli wird aber das Unheilige des Einsatzes von List, Täuschung und Lüge sichtbar. Zu welch schrecklichen Verhältnissen diese Art zu denken führt, wird zum Beispiel von Zeit zu Zeit in Neapel sichtbar. Den sich dort bekämpfenden Mafia-Clans geht es um nichts anderes als um die eigene Macht. Sie schrecken vor nichts zurück und auch nicht davor, sich die Kehrichtentsorgung zur ungerechtfertigten Geldquelle zu machen.

Demgegenüber wird bei den genannten biblischen Beispielen etwas Gemeinsames sichtbar: Es ging um den Erhalt des Lebens, einerseits des jungen Davids, damit er einst König von ganz Israel würde und andererseits um Jesus, damit er nicht vor Vollendung seines Werkes getötet werde. Bei beiden geht es nicht um Macht an und für sich, sondern um die Erfüllung von Gottes Heilsplan, ohne selbst Gewalt anzuwenden wie ihre Feinde.

Übrigens das neunte Gebot bedeutet nur in übertragenem Sinne, du sollst nicht lügen. In erster Linie geht es ja darum, dass wir einander als Menschen im Zusammenleben nicht schaden und in lauterer Absicht begegnen. Daher geht es ums wahrhaftig Zeuge oder Zeugin sein. Da aber früher nur Männer Zeugen sein konnten, ist das neunte Gebot im Original männlich geschrieben, 2. Mose (Exodus) 20, 16: **Du sollst nicht als falscher Zeuge aussagen gegen deinen Nächsten.** Die neue Zürcher Übersetzung (2007) macht deutlich, dass es sehr wichtig ist vor Gericht ein unbestechlicher Zeuge oder eben eine unbestechliche Zeugin zu sein. Sympathien, Geld oder Freundschaften usw. dürfen dabei keine Rolle spielen, nur was man wirklich gesehen oder gehört hat.

Dies steht nicht im Widerspruch dazu, wenn Christen das vom Tod bedrohte Leben oder die Glaubensausübung mit List schützen. Der Schutz des Lebens steht höher, als nicht zu lügen und ist Gehorsam Gott gegenüber. Dazu zwei Beispiele aus der jüngeren Geschichte:

Karol Wojtyla griff, bevor er Papst wurde, als Bischof von Krakau in Polen zu einer List. Die kommunistischen, atheistischen Machthaber bauten einen neuen Stadtteil, Nowa Huta genannt. Bei dieser Planung sahen sie keinen Platz für eine Kirche vor. Karol Wojtyla setzte sich mit den Gläubigen erfolgreich für den Bau einer Kirche ein. Da die Machthaber keine grosse Kirche wollten, griff man für die Baueingabe zu einem zeichnerischen Trick, der die Kirche kleiner erscheinen liess als sie tatsächlich geplant war. Oder ich denke an Corrie ten Boom, die in Holland wie viele andere Christen Juden während des 2. Weltkrieges versteckte. Als die Gestapo schliesslich Wind von dem Versteck bekam und an der Haustüre läutete, zog sie zuerst eine interne Alarmglocke, dass die Versteckten gewarnt waren. Als die Gestapo eindrang, gestand sie nicht, Juden versteckt zu haben. Dadurch gewannen sie Zeit und konnten ihr Leben retten.

List und Notlüge sind somit nur legitim wenn sie anvertrautes Leben – nicht das eigene – schützen. Ansonsten würde man mit Blindheit geschlagen und würde sich in einem Lügengespinst verfangen.

Tun wir also Busse, kehren wir um zum lebendigen Gott, lasst uns ihm allein vertrauen. Denn er schenkt uns zur rechten Zeit auch die richtigen Ideen, damit wir nicht falsch, sondern klug werden.

Amen

Sonntagsruhe, Heilung am Sabbat, Bundeszeichen

Statement zu Johannes 7, 23.24

Obwohl Jesus am Sabbat heilt, wäre die Schlussfolgerung völlig falsch den Sonntag zu einem Geschäftstag des Kaufens und Verkaufens zu machen. Gottesdienst feiern und Menschen in Not beistehen sind die Tätigkeiten des Sonntags, zur Ruhe kommen und Beziehungen pflegen, weil sich Gott in Christus mit uns verbündet hat.

Wenn nun ein Mensch am Sabbat die Beschneidung empfangen muss, damit das Gesetz des Mose nicht gebrochen wird, wie könnt ihr da mir zürnen, wenn ich einen ganzen Menschen am Sabbat gesund gemacht habe?

Urteilt nicht nach dem, was vor Augen liegt, sondern sprecht ein gerechtes Urteil.

Jesus begründet sein Tun als das grössere Bundeszeichen, als die Beschneidung, die auch an einem Sabbat durchgeführt wird, wenn der achte Tag auf einen Sabbat fällt, gemäss 3. Moses (Leviticus) 12, 3: „Und am achten Tag soll seine Vorhaut beschnitten werden."

Damit sagt er, dass er nicht den Sabbat auflösen will, sondern erfüllen, damit Menschen sich als Gottes Söhne und Töchter erfahren und wissen dürfen: Das Ziel des Sabbats ist das Heil und die Heilung für alle. So erfüllt sich der Bund mit Gott in Jesus dem Christus und überfliesst in den Werktag, in den Alltag als neuem Schöpfungsakt, der mit der Auferstehung geschah, am ersten Tag der Woche, dem Sonntag.

Als neue Bundeszeichen stiftete Jesus die Sakramente Taufe und Abendmahl.

So stellte der Reformator Huldrych Zwingli zu Recht die Taufe in die Traditionslinie der jüdischen Beschneidung gemäss dem Kolosserbrief. Er betonte damit noch einmal ihren zweitrangigen, sozusagen illustrativen Charakter im Unterschied zum Glauben, aber betonte damit auch die Verbindung des neuen mit dem alten Bund, dem alten und mit dem neuen Testament.

Hüten wir uns daher als Christen den Juden die Beschneidung zu verbieten, nur weil unser Bundeszeichen mit Wasser und Wort geschieht!

Jüdischer und christlicher Glaube sind verwandt. Ohne die jüdische Beschneidung gäbe es auch keine Taufe und somit keinen christlichen Glauben!

Printed by Books on Demand GmbH, Norderstedt / Germany